I0039053

VOYAGE

A

LA MARTINIQUE.

VOYAGE

A

LA MARTINIQUE.

Vues et Observations politiques sur cette Isle, avec un Aperçu de ses Productions végétales et animales.

Roman et,

Par J. R***, général de brigade.

A PARIS,

Chez L. PELLETIER, libraire rue Saint-André-des-Arcs, au coin de la rue des Grands-Augustins, n°. 82.

AN XII. — 1804.

AVERTISSEMENT.

La révolution a tellement déplacé les personnes et les choses, que ce qui existait la veille de cette époque a pris une physionomie antique auprès de ce qui a été le lendemain; et les écrits qui lui sont antécédens sur des pays où elle a exercé son influence, et composés sur des bases aujourd'hui détruites, sont devenus plus curieux qu'utiles, et peuvent passer à cet égard pour d'anciens manuscrits.

Il n'en est pas de même des com-

positions sur des pays que le mouvement révolutionnaire n'a point
atteints, comme l'ile de la Martinique et celle de la Réunion, où
l'ancien ordre n'a point cessé d'exis-
ter, et où plusieurs de ses bases
doivent être conservées. Les écrits
dès lors conservent une partie de
leur utilité, et l'on peut dire que,
par cette conservation de quelques-
unes de leurs institutions, ces colonies offriront cette singularité com-
parative d'être à la France ce qu'est
un fragment de l'histoire ancienne
à l'histoire moderne.

De quel intérêt n'a pas dû être
le moment de l'arrivée des vaisseaux de la métropole dans ces
contrées! Quel tableau touchant et

neuf que celui de Français abor-
dant une terre française, vierge
de révolution, et y retrouvant (je
ne dis pas seulement l'ancien ordre
de choses, déjà reculé pour eux de
plusieurs siècles par les désordres
accumulés de quelques années, et
entièrement oubliés par la conso-
lation inespérée du nouvel ordre)
mais l'ordre lui-même, inaltéré, et
continué sans interruption ! Heureuses iles ! dont l'une a ignoré la
tourmente révolutionnaire, et l'autre l'a repoussée comme les rochers
conservateurs repoussent les vagues
en furie ; îles vraiment fortunées !
que n'a point souillées le sang de

vos citoyens, vous allez jouir, comme toutes les autres parties de l'empire français, des prospérités brillantes que des colonies ont droit d'attendre d'une métropole puissante sous un gouvernement ferme et éclairé. La Martinique ajoute à ces chances heureuses celle d'avoir donné le jour à la compagne de son illustre chef.

Une des scènes de ce tableau, qui n'a pas dû être la moins piquante, c'est celle de la première entrevue de Français républicains et de Français encore monarchiques : le premier moment aura été celui

de l'étonnement ; mais le second,
comme on le conçoit facilement
entre des Français, aura été celui
des questions amicales confiden-
cielles, et surtout qui n'auront plus
cessé.

Mais la plus frappante sans doute
des scènes de cet intéressant tableau aura été celle de nègres esclaves (y ajoutant encore l'opposition de leur couleur) à côté de
guerriers enivrés de liberté, mais
d'une liberté généreuse et conquise
héroïquement ; de guerriers qui,
au milieu des perversités de tout
genre, et des horreurs révolution-
naires, ont sauvé l'honneur français, et conservé *sans tache* (pour
me servir de l'expression de Mont-

luc) *cette robe blanche de loyauté:*
aura été, dis-je, cette scène offrant
le contraste frappant d'esclaves
demandant à des Français la con-
tinuation de l'esclavage! Bonnes
créatures! la liberté sans doute est
bonne, mais la bonté vaut encore
mieux. Si ce cri n'est point celui du
cœur, il est, dans les circonstances
présentes, celui de la plus sublime
raison, et il doit vous mériter et
vous assurer de la part du gouvernement une protection paternelle,
et de la part de vos patrons les
plus tendres soins de l'humanité.

C'est d'après cette considération
exposée ci-dessus de la conservation d'une partie de ces anciennes
institutions à la Martinique, que

nous nous sommes déterminés à
mettre au jour cet écrit composé
avant la révolution. D'ailleurs, les
voyages ont cela de particulier,
qu'ils font partie du domaine de
l'histoire, et que, quand bien même
ils ne présenteraient plus d'objets
d'utilité, c'est-à-dire des possibi-
lités d'exécution, des plans et des
vues qu'ils contiennent, (possibi-
lités fugitives et passagères comme
les tems et les circonstances) ils
offriraient toujours des objets de curiosité et d'instruction. Les voyages
anciens conservent toujours un intérêt réel, quoique non égal à celui
des modernes. Si le lecteur, qui
étudie les voyages dans des vues
d'établissemens politiques, ou de

spéculations commerciales, recourt avec raison aux modernes, les anciens sont également accueillis par le lecteur philosophe, qui cherche à émouvoir son cœur, éclairer son esprit, mûrir et fortifier, et surtout calmer sa raison.

———

VOYAGE

A

LA MARTINIQUE.

CHAPITRE PREMIER.

Dissertation sur les principaux lieux de la Martinique, et sur la résistance que cette île peut opposer à l'ennemi.

LE 11 décembre 1769, je m'embarquai à bord du vaisseau marchand *le Curtius*, qui portait le régiment de Périgord, infanterie, destiné pour le Fort-Royal et la Martinique.

Après une heureuse traversée, j'arrivai dans cette île le 3 février 1770. Cette saison, qui est la plus éloignée des chaleurs excessives qui commencent en juillet, est aussi la plus favorable pour aborder ces

parages, et le gouvernement ne doit point
être indifférent sur l'époque qui doit fixer
le départ des troupes qu'il y fait passer.

Le repos nécessaire, et la difficulté d'ac-
climater des hommes fatigués du trajet, et
échauffés par des alimens salés et nouveaux
pour eux, dans un lieu où l'on avait à la
fois à braver la chaleur et le sol malsain
du Fort-Royal, ne retinrent dans cette
ville qu'une petite partie du régiment de
Périgord ; le reste fut divisé dans les lieux
plus sains et moins exigeans de service de
la Trinité, du Marin et de Saint-Pierre.

Cette dernière ville, la seconde de l'île,
mais la plus riche et la plus florissante,
est située sous le vent à l'ouest, et est appuyée immédiatement à un morne qui
intercepte les vents, et qui, frappé des
rayons du soleil à son couchant, fait l'office du réverbère, et réfléchit sur la ville
une chaleur étouffante.

Assise sur un coteau rapide et fort étroit,
la seule rue qui la compose fait , dans une
longueur démesurée de près d'une demi-
lieue, les sinuosités d'un terrain inégal,
qui rendent impossibles à ses habitans

l'usage des voitures, et ne leur permettent
que celui des chaises à porteur ou des hamacs. Des deux lignes de maisons qui bor-
dent cette rue, une est appuyée au morne
qui s'élève brusquement à pic, et l'autre
est presque baignée des eaux de la mer.

Le plan incliné et rapide, sur lequel est
bâtie la nouvelle ville, qu'on nomme *le
Mouillage*, permet aux eaux qui chûtent
en torrent de la montagne un si facile et
si prompt écoulement, qu'un seul quart-
d'heure suffit pour voir disparaître les
traces des plus fortes avalanges. Un terrain toujours sec, laissant à l'air toute sa
pureté, conserve et entretient toujours
sain un séjour que la chaleur rend in-
commode, mais à laquelle on s'habitue.

La forteresse, de peu de conséquence,
autour de laquelle les premiers habitans
bâtirent, est séparée du mouillage qu'elle
domine, et d'une partie des maisons qui
composent le fort Saint-Pierre ou l'ancienne ville, par une rivière qui n'est considérable que dans les orages. Sa position est
élevée, fraîche et saine; trois conséquences toujours justes sous la zone torride. Une

infinité de petites gorges , où coulent
des filets d'eau qui vont grossir la rivière, sont autant de couloirs qui y diri-
gent les vents.

En tirant au nord, un plateau, (1) qui lui
est contigu, vaste et élevé , continuellement
rafraîchi par les vents d'est , que l'éloignement des montagnes laisse parvenir , aurait
invité à y continuer leur ville ; et à y fixer
leur demeure, des hommes qui eussent préféré leur agrément à leur intérêt. Mais le
commerce , qui fuit tout ce qui présente
l'image de la contrainte, s'éloigna du fort:
la nécessité d'ailleurs lui indiqua le local
qui lui convenait.

Le mouillage des vaisseaux , peu profond du côté du fort , et trop éloigné du
rivage, rendait trop pénibles l'embarquement et le débarquement des marchandises. L'accès des navires devenant plus
facile, en tirant au sud vers le carbet ,
détermina une position qui , au premier
coup d'œil , paraît inhabitable.

_____

(1) Les jésuites y avaient assis leur habitation.

Elle diffère tellement, en effet, de celle du-fort, que les habitans du Mouillage (ou nouvelle ville) n'y passent pas sans précaution et sans crainte, et souvent sans éprouver les inconvéniens d'un passage subit du chaud au froid.

La rade de Saint-Pierre, qui offre à tout instant la facilité pour la partance des navires, leur refuse un asile contre les mauvais tems : les seuls raz de marée y fracassent quelquefois les plus gros bâtimens ; et en 1766 ils furent tous jetés à la côte par un ouragan.

Le port du Fort-Royal, capitale de l'île, d'une grandeur médiocre, à la vérité, mais sûr et à l'abri de tous les vents, paraissait devoir être préféré à une rade où les vaisseaux sont toujours exposés.

Le gouvernement, par un esprit d'humanité, ou peut-être de partialité pour la ville où il faisait sa résidence, voulut transporter le siège du commerce au Fort-Royal. Des lettres de noblesse, accordées aux premiers négocians qui s'y établiraient, ne furent point un attrait assez puissant pour leur faire abandonner des maisons , des

Description du Fort-Royal.

magasins et des bâtimens immenses qui
devenaient en pure perte. Mais la raison
déterminante parut porter plutôt sur les
oppressions de la marine militaire, qu'é-
prouva toujours la marine marchande, et
celle-ci préféra les risques incertains de
la mer aux vexations certaines de sa rivale.

Les entraves et les réglemens nécessaires
dans les lieux qui renferment des troupes,
sont trop opposés à cette liberté qui est la
base du commerce. Les négocians redou-
tèrent la sévérité et la promptitude d'un
gouvernement militaire. Cependant on
obligea les vaisseaux de séjourner dans le
port du Fort-Royal, pendant les trois mois
de l'hivernage, (1) juillet, auguste et

(1) L'hiver qui en Europe signifie froid,
sous la ligne veut dire pluie. Ce mot paraît avoir
perdu sa première acception : il est devenu le sy-
nonyme de saison rigoureuse, et les pluies et
les chaleurs étouffantes sous la zone torride sont
ce que, sous les zones tempérées, sont les glaces
et les frimats. L'hivernage est l'époque des ma-

septembre. Les frais de déplacemens, le déchet et les pertes des cargaisons transpor-
tées et remuées, firent braver les ordres;
et les capitaines-armateurs aimèrent mieux
courir les risques des orages. Mais il fallut
forcer les hommes pour leur intérêt, quand
on ne put les persuader par des raisonne-
mens : d'ailleurs, le bien public y était
compris, et le gouvernement, dans des
vues d'humanité, fut obligé d'user de violence, en coulant à fond les vaisseaux qui
refuseraient d'obéir; de manière que le
Fort-Royal jouit, pendant trois mois,
des faveurs du commerce, et renferma
dans son sein à cette époque les richesses
de la colonie.

La ville, dont le port décida l'emplace-
ment, est située sous le vent de l'île, à sept
lieues sud-est de Saint-Pierre, sur un plateau vaste, bas et marécageux. Les eaux de
la mer paraissent autrefois l'avoir inondé,

---

ladies des hommes, des plantes, et, si l'on peut
dire, des élémens : on ne voit venir cette saison
qu'avec frayeur.

et le morne Garnier, qui le domine, y entretient le marais par les torrens qui en
découlent. Les habitans s'éloignant, et laissant derrière eux des cloaques exhalant
des principes infects et morbifères, se sont
approchés de la mer, pour trouver d'ailleurs des embarcadères plus commodes; et
sur des jetées et des transports de terre,
ils ont élevé des maisons, où les vaisseaux
étaient, il y a trente ans, à l'ancre.

La débauche, qui suit toujours la joie des
conquêtes, fut le premier principe d'une
mortalité qui effraya les Anglais, conquérans de l'île en 1762 : enterrés sous une
mince surface de terre, (l'eau ne permet-
tant point de faire des fosses profondes)
les morts furent plus funestes aux vivans
que le climat ne l'avait été aux premiers.
Ce mélange de particules cadavéreuses, et
d'émanations du marais, aigries par un
soleil ardent, produisit une peste qui dé-
sola la ville, et qui fit périr plus de deux
mille Anglais.

L'air n'était pas encore épuré, lorsque,
en 1763, à la paix, les régimens français
furent les relever. On les fit travailler à un

canal pratiqué dans le marais, entre la ville et la montagne, lequel, se réservant toutes les eaux, dégorge d'un côté dans le port, et de l'autre dans l'embouchure de la rivière de l'Hôpital, laquelle, peu rapide alors, s'engorge elle-même par ses sables et par le limon du canal.

La fouille des terres fut toujours pernicieuse, et la plupart de ceux qui employèrent leurs bras dans celle-ci, y sacrifièrent leur vie: ils méritent d'autant plus de regrets qu'on voit avec peine une restriction dans l'achèvement d'un ouvrage admirablement bien conçu, mais qui pêche dans l'exécution. Les dimensions trop restreintes du canal ne lui permettent point de contenir toute la masse des eaux provenant des mornes et des avalanges; ne dégorgeant pas assez rapidement par ses deux bouches, et ne se débarrassant pas, par conséquent, assez promptement, il se déverse sur ses bords, et n'offre lui-même qu'un réservoir toujours comble d'eaux stagnantes.

La ville, ainsi détachée de la terre par le canal, est renfermée dans une île assez

Dissertation sur le canal du Fort-Royal.

spacieuse : elle est susceptible d'accroissement et d'embellissement.

Le terrain peut être desséché par des
saignées, on peut aussi combler le marais
en-deçà : on occupait à ce travail, pendant le séjour du régiment de Périgord,
les soldats coupables d'omissions et de
fautes même plus graves, avec l'augmentation d'alimens qu'exige la fatigue (1). Ce
procédé d'expérience était d'autant plus
puissant, qu'il était joint à l'utile, dont la

_____

(1) On donnait à chaque soldat quatre *noirs*
ou quatre sous marqués de six liards, monnoie
méprisée, et somme très-modique dans un pays
où la journée d'un ouvrier nègre, manœuvre aux
travaux du roi, était payée un écu du pays, qui
fait quarante sous de France. Un assez grand espace de terrain comblé, nivelé et planté en 1773,
offrait un aspect agréable, et une promenade à
laquelle le peuple avait donné le nom de *quatre
Noirs*, en commémoration de la somme modique
donnée à chaque soldat. Que de dénominations
et de mots dont les savans recherchent avec importance les raisons et l'étymologie qui ont une
origine plus simple et moins noble !

discipline ne doit jamais s'écarter autant
qu'il est possible.

Les terres élevées du côté de la ville
rejetteront les eaux de l'autre côté du canal , qui paraîtra toujours insuffisant , à
cause des bas-fonds qui s'y trouvent, et
qu'on doit tout à fait sacrifier à la salubrité de l'air , en imaginant un moyen d'y
faire parvenir sous terre les eaux de la
mer du côté du carénage , et en conver-
tissant en marais d'eau salée (que la marée,
quoique peu forte, renouvellera) les marais toujours pestilentiels d'eau douce.

La ville du Fort-Royal , délivrée de ses
eaux croupissantes, offrirait un séjour sain
et agréable ; mais que les habitans des autres parties de l'île redoutent d'approcher
maintenant , autant par préjugé que par
raison , puisque les inconvéniens du local
se détruisent tous les jours.

Une *savanne* (1) spacieuse , dont la mer
vient baigner le fond , faisant l'office d'une
esplanade entre la ville et les ports , qui n'y

----

(1) Savanne ou prairie.

tient que par une langue de terre, est le
séjour perpétuel des vents qui s'échappent
par les gorges des montagnes éloignées dans
cette partie. Ils y entretiennent constamment une fraîcheur qui ne le cède qu'à
celle qu'on éprouve au fort. L'élévation de
ce dernier le met au-dessus des points in-
termédiaires qui pourraient rompre l'im-
pétuosité des vents, que l'on recherche
plus que l'ombre sous la zone torride,
avec lesquels on brave les rayons du soleil, et dans lesquels paraissent résider et
les sources de la santé et les premiers élémens de la vie. Un air renouvelé, et toujours agité, rend facile et aisée une respiration que la raréfaction gênerait. Cette
différence sensible, qu'on éprouve à mesure
que l'on passe de la ville au fort, prouve
la vérité de ces trois conséquences, élévation, fraîcheur et santé.

Dissertation
sur le Fort-
Bourbon.

Sur le morne Garnier, qui prive la ville
des faveurs si précieuses et si recherchées
des vents, et qui domine tous les points
voisins les plus hauts, tels que le Patate, le
Cartouche, le Tortenson et le Fort-Royal,

est élevée une fortification (1) composée
de quatre bastions. Trois fronts de cette
citadelle irrégulière, celui qui regarde la
ville, et les deux autres latéralement placés par rapport à lui, dont l'un domine le
port, et l'autre la rivière de l'Hôpital,
inaccessibles tous les trois par la rapidité
de leur pente, qui commence subitement
à la crête du Garnier, paraissaient devoir
épargner le prix excessif de la main d'œuvre, et interdire à l'art des règles et des
calculs inutiles, pour fortifier une position
essentielle, mais que la nature défendait
d'elle-même.

Supposé qu'une vigoureuse résistance
du Fort-Royal renvoyât l'ennemi à un
autre point de débarquement, comme à
l'anse, *à la Case des Navires*, à deux
lieues ouest de la capitale, où les Anglais
firent le leur en 1762, et qu'il pût traîner
son artillerie à travers un pays haché de
précipices et de montagnes, qui présente
un obstacle à chaque pas, il viendra ga-

_____

(1) S'appelle le *Fort-Bourbon.*

gner le Garnier, dont le possesseur sera
toujours le maître du Fort-Royal, qui en
est foudroyé. Le front opposé à celui de la
ville est le seul par où l'on puisse pénétrer. Il est maintenant défendu par deux
gros bastions qui doivent rendre la victoire pénible au téméraire assaillant qui
s'y présentera. Un de ces bastions nommé
le Diamant, (à droite en regardant l'ennemi) taillé dans le roc, offrait encore
un objet d'économie, en la privant d'un
revêtement qui, le rendant plus agréable
sans augmenter sa force, ne fait même
que cacher à l'ennemi une solidité désespérante qui pouvait éteindre une première
audace, presque toujours victorieuse. Le
prix excessif des matériaux et de main
d'œuvre, mais plus encore le prix inappréciable de la vie des hommes, que les
travaux ont abrégé dans un climat où
respire la mollesse, où le Français est dans
une activité qui étonne les autres nations
et les originaires mêmes, ne seront pas des
argumens suffisans contre la nécessité d'un
point de défense sur le Garnier, qui protège le Fort-Royal, mais combattront vic-

torieusement la capacité d'un ouvrage qui demandait moins d'étendue et moins de frais, et l'exécution longue et pénible d'un projet qui a dépensé à l'état sept à huit millions de livres.

A toutes ces raisons, déduites avec impartialité sur l'inutilité des ouvrages du Garnier, on peut ajouter cet argument général qui sape victorieusement toutes les citadelles des colonies : une courte analyse suffit pour exposer un raisonnement.

CHAPITRE II.

Des Citadelles aux îles.

Dissertation sur les citadelles en général des colonies. LES citadelles élevées dans leur principe, aux colonies, contre les ennemis du dedans qui défendaient leur terrain et leur liberté, servirent après aux conquérans contre les ennemis du dehors.

On demande si une escadre, laissant le fort ou le tenant en échec avec quelques vaisseaux, détache quelques frégates qui, cernant l'île, débarquent sur plusieurs points, brûlent les plantations, surtout les cannes, très-inflammables par les sels qu'elles contiennent, et par le touffu de leurs feuilles, renversent les bâtimens, les manufactures, enlèvent les nègres; qu'est-ce que la propriété d'une île ou colonie ruinée, dont plusieurs années ne peuvent réparer le dommage?

L'ennemi sera-t-il plus humain, il sera sûr d'obtenir la capitulation des habitans

qui appartiennent naturellement à la nation qui lui apporte des subsistances. La
prospérité de la Guadeloupe (1) sous la·
domination anglaise parut diminuer dans
les insulaires de la Martinique cette ardeur
et cet empressement qu'ils avaient fait paraître en 1759 à chasser un ennemi qui
leur présenta, le 16 janvier 1762, avec un
plus grand nombre de moyens, l'image
séduisante de sa voisine. Les forces de
l'assaillant, et la perte inévitable de tous
leurs biens, doivent pallier le crime d'in-
fidélité, si on était assez injuste d'en taxer
les Martiniquois, et excuser une résolution qui, dit M. l'abbé Raynal, pouvait être
plus tardive. Mais, dira-t-on, l'ennemi
est intéressé à conserver dans sa splendeur la colonie qu'il veut conquérir, et
les Anglais dans la dernière guerre en
usèrent avec ménagement dans leurs at-

----

(1) Les Anglais, en 1759, tentèrent la prise de
la Martinique ; repoussés au premier choc, ils
désespèrent, et furent prendre leur revanche sur
la Guadeloupe.

2

taques et dans leurs conquêtes : ils eussent
agi différemment s'ils n'avaient pas cru
les conserver. Il est des systêmes humains,
même au milieu des horreurs de la guerre;
mais doit-on s'y attendre de la part de
l'Angleterre qui, à une rivalité politique
d'état, joint une animosité particulière ?
Les troupes, peut-on ajouter, tenant le
point capital de la colonie, donneront le
tems à une escadre d'arriver. Le Fort-
Royal, qui ne peut être assailli qu'après
la prise du garnier, résistera vingt jours
au canon du fort Bourbon; que ce dernier tienne quarante-cinq ou cinquante
jours, le tems qu'il faudra à l'ennemi
pour son débarquement et pour le transport de son artillerie devant le garnier
donnera à la Martinique une résistance
de trois mois.

On répond : une île est une vaste citadelle (1) qui offre mille points faibles

_____

(1) Une île, en effet, est un vieux château ruiné,
dont une citadelle est le faible donjon : image parfaitement ressemblante, surtout d'après le sys-

contre un seul susceptible de défense. Un
pourtour trop étendu ne peut être suffisamment garni de troupes ; l'ennemi
se divisant et débarquant par partie, et
sans obstacles, aura ruiné la colonie avant
d'aller présenter à son gré ou recevoir la
bataille ; d'ailleurs tous ces argumens d'humanité et de retards viennent échouer
contre une capitulation prompte et cer-
faine des colons, qui mettront de bonne
heure l'ennemi en possession de l'île.
S'embarrassant fort peu d'une citadelle
éloignée et tenue en échec, ce dernier
pourra diriger ses opérations sur la force
du secours qu'il peut voir arriver de loin,
refuser la bataille, livrer au feu et au
pillage ce qui ne peut être transporté,
et enlever les nègres par la facilité qu'il
aura de les recéler dans ses possessions
voisines.

---

tême qui place une citadelle au centre de l'île, de
préférence à la faire protéger un port qui a toujours cela de bon d'offrir un asile à une escadre
malheureuse, et qui peut disputer une seconde
fois la victoire après s'être ralliée.

Ce serait cependant peu connaître les
lois de la morale et de la guerre que de
ne pas offrir un asile où le courage peut
renaître, et à l'abri duquel peuvent se
rallier des combattans effrayés ou épui-
sés. Mais une citadelle doit être plutôt re-
gardée comme la protectrice d'une escadre que de la colonie : elle est, par rapport
à une armée navale, ce qu'est une réserve
à une armée de terre. Elle doit arrêter là
dernière fureur de l'ennemi ; et c'est sous
ses remparts solides que d'autres remparts mobiles et ailés doivent venir se ré-
fugier. Mais c'est aux premières lignes ,
composées de vaisseaux, à engager le com-
bat et à défendre une citadelle qui doit
les protéger à son tour contre le dernier
effort de l'ennemi, fatigué par la victoire, et
dont les succès ont dû diminuer les forces.

Les colonies sont, proprement dites, les
domaines du prince , ce qui refroidit peut-
être l'intérêt des particuliers sur leur défense, persuadés qu'ils sont , comme dit
M. l'abbé Raynal, que la guerre faite à
une colonie n'est jamais qu'une guerre faite
à son souverain. Cependant l'importation

et l'exportation réciproques des denrées
des colonies et de leur métropole, sources
de richesses qui, des douanes, coulent
dans le trésor du prince, et qui doivent
alléger d'autant les impôts des colons et
des métropolitains, qui ont encore l'avantage d'établir entre eux le débit assuré de
leur superflu.

Toutes ces données, dis-je, réunies, rendent faux et peu politique le problème de
les abandonner ; il est vrai que le procédé
pour les conserver en tems de paix, et les
moyens pour les défendre en tems de
guerre, sont d'autant plus délicats et difficiles, qu'elles sont plus intéressantes.

Les colons sont trop éloignés du souverain pour être toujours fermes et cons-
tans dans cette fidélité qu'inspire sa présence. La domination immédiate et presque despotique des gouverneurs est celle
qui les affecte le plus ; les vicissitudes de
ces gouvernemens particuliers, la variation
des plans à chaque mutation, tant par rapport aux individus qu'au commerce, des
gouverneurs militaires et civils, aux différens projets desquels la cour se rapporte,

cette instabilité enfin dispose et accou-
tume l'esprit des colons à une inconstance,
qui les empêche de se fixer et de prendre
avec chaleur un parti.

M. l'abbé Raynal fait prononcer aux
habitans des colonies ce cri de frayeur
de mollesse italienne : *Vive le vainqueur;*
mais la nécessité les justifie de ce repro-
che : elle leur en arrache un qui étouffe
toutes les voix, c'est celui de la nature :
Vive ce premier qui nous porte du pain!
le commerce est un jeu, et les européens
sont aux colons ce qu'est une jeunesse
frivole qui s'amuse à la course ; il suffit de
toucher barre pour obtenir le triomphe.
Le besoin qui ne connaît d'autre loi que
celle de la nécessité doit rendre indiffé-
rens les habitans des colonies sur le choix
des nations qui leur apportent les premiers élémens de la vie : soumis à son empire absolu, ils préféreront celles qui les
leur porteront en abondance, et leur fe-
ront éprouver le moins de retardement.

Les récompenses honorifiques sont peu
capables de séduire un colon, qui ne peut
en même tems cultiver son bien et le dé-

fendre. Une sujétion à la milice qui le
détourne d'un travail précieux et délicat
excite ses murmures ; d'ailleurs , rien peut-
il le dédommager de la perte totale de son
bien ? que l'homme qui fait profession des
armes, soit attaché à la gloire ; mais l'homme
devenu cultivateur et père de famille sera
toujours plus attaché aux richesses : les
cris de la nature l'avertissent qu'elles ne
lui appartiennent plus, et que sa vie est à
ses enfans. Ce n'est pas que les habitans
de la Martinique n'aient montré beaucoup
de courage en 1762 ; mais cet aspect déchirant d'une famille éplorée ne les laissa pas
long-tems indéterminés sur le choix de
leur conduite., à côté de cette image inté-
ressante ; toute considération leur parut un
fantôme , et ils eurent bientôt conclu que
la gloire était à la possession de tout leur
bien ce que l'illusion est à la réalité.

Rien ne peut attacher le colon à son souvenir que cette possession libre de ses
biens : il faut empêcher qu'il ne soit troublé chez lui. Peu de troupes suffisent dans
une colonie : supposé qu'il y en eût assez
pour s'opposer à un débarquement , cette

quantité de gardiens, dèslors, devient
nuisible en accélérant une disette qu'il
serait aisé aux vaisseaux ennemis d'entretenir. La mollesse, d'ailleurs, énerve le
germe du courage dans les pays chauds :
les troupes sédentaires y seront toujours
faibles et mauvaises. Une colonie doit être
défendue et attaquée par des escadres opposées : c'est une maîtresse qui veut être
la proie du vainqueur, et non la victime
des combattans : c'est dans la splendeur
de l'une et dans la beauté de l'autre que
les deux champions doivent puiser leur
courage et allumer leur ardeur. Les productions des îles sont d'une nature à ne
pas souffrir la moindre altération ; la
moindre pierre d'achoppement leur devient nuisible, et il est bien difficile d'entrer les armes à la main sur un terrein sans l'inonder de sang. Les ravages du soldat sont impossibles à parer : il
employa le feu de tous les tems pour
intimider ou pour le plaisir même de faire
le mal : la guerre est juste, dit-il ; et sa
vengeance est imparfaite si le sang ne
coule pas, et si les flammes n'éclairent ses
forfaits.

CHAPITRE III.

De quelques évènemens politiques relatifs à cet ouvrage.

LE cours des évènemens sous un roi vivant est comme celui des astres qu'on n'aperçoit qu'après le coucher du soleil : c'est dans la nuit la plus profonde et la plus obscure qu'échappe le secret des cieux ; mais une seule ne suffit pas, l'aurore du lendemain vient suspendre tous les calculs et toutes les combinaisons.

A travers les intrigues et les manèges de la cour qui balottèrent la fin du règne de Louis XV, et introduisirent l'anarchie dans l'état, on crut apercevoir quelque agitation au cabinet de Versailles ; on a même cru qu'on aurait eu à se féliciter d'une politique éclairée, et qu'on aurait retiré des fruits d'une méditation de plusieurs années. Les traits qui paraissaient se diriger sur les deux Indes percèrent

en Amérique une partie du voile qui ca-
chait à l'Europe les opérations secrètes du
gouvernement. La frégate *l'Hirondelle*
aborda, en décembre 1770, la Martinique,
fit part des intentions de la cour de Versailles, qui parurent être, et qui était en effet,
de se tenir sur ses gardes ; et, sans s'arrêter, elle cingla avec la plus grande célé-
rité sur Saint-Domingue. Des régimens
français partant, d'Europe s'embarquè-
rent en même tems pour les Indes Orientales et Occidentales, avec le même secret
sur leur destination que celui qui diri-
geait toutes les opérations : tout annonçait une secousse dont le premier ébran-
lement devait se faire sentir dans le Nouveau Monde.

Toutes les munitions de bouche qui se
trouvèrent alors à la Martinique furent
recélées dans des magasins du Fort-Royal.
L'artillerie fut tirée des arsenaux, et l'on
redoubla d'hommes et d'efforts au Fort-
Bourbon lorsqu'on aperçut la nuit plusieurs voiles, qui se trouvèrent n'être qu'un
vaisseau de guerre chargé, pour la Dominique, d'hommes et d'argent, escortant

des vaisseaux de transport. Si ç'eût été
une escadre anglaise, comme cela pouvait être, la France devait trembler pour
les colonies; elles lui échappaient encore
une fois, et elle risquait de les voir passer
dans d'autres mains avant de pouvoir leur
donner du secours.

Ces vaisseaux glacèrent d'effroi les habitans, dont les denrées diminuèrent subitement de valeur. Le gouverneur les
rassura, et saisit ce moment pour précipi-
ser les ouvrages du garnier: sa vigilance,
ses soins infatigables, et la bonne volonté
des troupes, étaient toutes les ressources
du gouvernement. Le front imparfait du
Fort-Bourbon, du côté de l'ennemi,
fut mis en état de défense (1). L'Ile à
Ramier (2) et la pointe des nègres,

_____

(1) On coupa dans le bois voisin des bois pour
faire des palissades, et l'on y mena du Fort-
Royal des pièces de canon avec beaucoup de
précipitation et de peine.

(2) C'est une petite île, dont la capacité peut
contenir un détachement et une batterie, située

(1) qui défendent la baie du Fort-Royal,
furent munis d'hommes et de batteries, et
tous les points défensifs et offensifs de l'île
furent occupés par des détachemens et du
canon. Tout était préparé, les troupes ne
demandaient qu'à voir l'ennemi; des vaisseaux marchands étaient dans le port, ar-
més en guerre. D'après la méthode inva-
sive dont ce siècle fournit plusieurs exemples, on pouvait aller faire une descente
à la Dominique, et peut-être avoir le tems
d'aller dans les autres possessions anglaises, qui étaient aussi sans défense, brûler
les plantations, enlever les nègres, revenir s'enfermer, avec le butin, à la Martinique, et attendre le sort que devait dé-
cider l'escadre à la première arrivée. On
attendait enfin les derniers ordres d'Europe, lorsqu'une frégate vint en janvier
annoncer la paix.

---

sur le flanc gauche de la rade du Fort-Royal en
sortant.

(1) Elle termine l'anse du Fort-Royal, et, placée
à droite en sortant, elle fait un feu croisant avec
l'île à Ramier.

Le ministère venait d'être renouvelé le
10 décembre de l'année précédente. Les
troubles du dehors se dissipèrent avec
lui, mais se concentrèrent au-dedans du
royaume, qui en fut ébranlé. L'expérience
pouvait seule faire connaître la justesse et
la solidité de ses vues, qui parurent vastes
et raisonnées.

Cette époque offre un exemple bien frappant de l'inconstance de la fortune et de sa
fragilité. Un ministre, puissant par la confiance même de son maître, cher aux Bour-
bons par le pacte de famille dont il avait
été l'ouvrier dans la dernière guerre, pro-
tégé par la cour de Vienne et la famille
royale de France, soutenu des parlemens
du royaume, et louangé d'une infinité de
partisans, vint échouer contre une intri-
gue de cour, et fut obligé de céder à une
cabale, qui lui opposa, à la vérité, dans
l'esprit de son maître un contre-poids qui
a souvent écrasé la France, et foulé les
autres nations : il fut des mortelles devant
qui les dieux vinrent se dépouiller de leur
majesté. Tout cède au pouvoir de la beauté,
et l'exil d'un ministre nécessaire à son

maître fut un sacrifice fait à l'amour. *Ses lois*, dit Sophocle, (1) *vont de pair avec celles des plus puissans monarques.* Louis XV l'avait déjà éprouvé. Et *Vénus*, continue le tragique grec, *pour ne combattre qu'avec le secours des ris et des jeux, n'en est pas moins invincible.* Il ne fallait rien moins que les charmes de la beauté pour contre-balancer les attraits du génie, et ses droits pour détruire le pouvoir du duc de Choiseuil. La guerre fut le prétexte de sa disgrace et un des crimes extérieurs qui décidèrent son exil.

Le nouveau ministère, qui ne paraissait devoir son existence qu'à la paix, s'occupa en effet des moyens de l'affermir, et chercha à éloigner tous les objets qui pouvaient exciter la jalousie et donner des soupçons aux Anglais.

L'activité et la profusion caractérisaient le ministère précédent: il fallut le noircir, et le nouveau prit le contre-pied; il fallut séduire le peuple, et l'on ne prononça

_____

(1) Sophocle dans Antigone.

plus que le terme imposant d'économie et
de conservation des hommes. On envoya
des contre-ordres dans tous les ports ; mais
ils parvinrent trop tard , et les régimens
partis de France arrivèrent à leur destination première.

A cette époque , au commencement de
1771 , le chevalier de Vallière (1) rem-
plaça à la Martinique le comte d'En-
nery. (2) Les gouverneurs des îles anglaises virent partir avec plaisir un voisin
audacieux et entreprenant , d'une activité
infatigable et digne en tout de seconder les
vues du ministère actif qui allait le faire
agir. Pour dissiper tous les nuages qui
pouvaient les offusquer , les seconds bataillons de Royal-Vaisseau et de Limousin ,
arrivés nouvellement , le premier *de
Vexin*, et le régiment de *Bouillon* parti-
rent , à la fin de l'année 1771 , de la Gua-
loupe et de la Martinique , et il ne resta

---

(1) Mort depuis gouverneur de Saint-Domingue.

(2) Mort depuis à Saint-Domingue , où il avait
succédé à M. de Vallière.

dans la première île que le second bataillon de *Médoc*; et le régiment de *Périgord*.

Les hommes devaient honorer les places : plusieurs chefs des colonies s'étaient au contraire avilis eux-mêmes dans ces postes éminens par des exactions, dont l'éloignement assurait l'impunité. Un faste insultant attestait à la capitale le malheur des infortunés sur qui avait dû retomber la tyrannie d'un monopole nécessité peut-être par la médiocrité des appointemens.

Le ministère précédent, pour ôter à ces chefs toute excuse et tout prétexte de se rendre coupable, porta les charges des gouverneurs, qui ne valaient que douze mille livres, à cent mille, (1) et celle des intendans à quatre-vingt. Tous les droits exercés alors sur les cargaisons, (2) et

---

(1) Argent de France, qui font cinquante mille écus argent des îles.

(2) Les gouverneurs s'étaient arrogé le droit de prendre deux nègres sur chaque vaisseau négrier : ce nombre était souvent outrepassé. Cet es-

dont l'usage et l'autorité avaient confirmé
l'un la loi et l'autre l'abus, furent sup-
primés. Ces espèces d'impositions arbitrai-
res qui portaient l'empreinte de la tyrannie, sous le titre de présent onéreux à
celui qui reçoit, à celui qui rapproche le
chef de l'inférieur, qui rompt les barrières de la subordination, et ouvre toutes
les voies qui mènent à l'injustice; ces impositions, dis-je, furent dès-lors honteu-
ses et criminelles : les tableaux souvent re-
tracés des grands maux, dont l'éloignement
effaçait les couleurs à mesure que l'avidité les employait, firent soupçonner à des
cœurs généreux les occasions et les moyens
de faire des grands biens. Ces places, émi-
nentes par elles-mêmes, affectées à la marine, et occupées par des capitaines de
vaisseau, furent alors [recherchées par
des officiers-généraux de terre, et des pré-

---

pèce d'impôt était un de leur principal revenu,
exigeant sur la quantité, difficile sur la qualité ;
on sent quelle porte était ouverte à l'abus pour
exiger sur la quantité.

sidens de parlement vinrent se mettre à
la tête de l'administration, qui avait
pour chefs des commissaires de marine.
Ces gouvernemens, si brigués aujourd'hui,
étaient autrefois si décriés, que j'ai oui-
dire à un officier-général de beaucoup de
mérite et de réputation qu'il en avait re-
fusé un, jugeant qu'il fallait plus de santé
que de connaissances, plus de vigueur de
corps que de force d'esprit, et moins
de douceur que de dureté, pour braver le
climat, et pour maintenir sous les lois des
hommes dont on pouvait taxer le plus grand
nombre de les avoir bravées.

Cet état de splendeur, approuvé souvent par des philosophes moralistes, (1)
quant à ce qui regarde la majesté des empires, blessa les yeux du nouveau ministère. Les revenus des colonies se trouvaient
absorbés par les appointemens des gouverneurs et d'un grand nombre, excessif à
la vérité, d'officiers adjoints au gouvernement, par une administration surchargée
d'une infinité de membres inutiles, et par

_____

(1) Montagne-Charon.

la paie de son chef. Les gouverneurs, qui
n'eurent plus que le titre de commandant,
moins brillant, mais avec les mêmes pouvoirs, furent réduits, ainsi que les intendans, à la moitié d'appointemens. (1) Le
président *Tascher*, intendant en 1773,
homme d'esprit, et d'un travail facile, dut
seconder les intentions du ministère, en
donnant à l'administration une forme moins
compliquée, plus précise, plus simple, et
par conséquent moins frayeuse.

. L'ancien ministère avait trouvé, pendant la guerre de 1755, les colonies gar-
dées par des compagnies franches atta-
chées à la marine, dont les capitaines n'a-
vaient à rendre compte qu'au gouverneur:
leur sûreté, peut-être encore plus cette
dignité qui fixe l'attention des voisins, cet
air de grandeur qu'on ne doit point envi-
sager avec indifférence, parce qu'il porte
l'empreinte de la supériorité, y fit substi-
tuer, à la paix, des régimens français.

L'image effrayante que présentaient au
retour les débris de ces troupes, venant sur-

---

(1) De 50,000 liv. à 40,000 liv.

tout de l'Amérique ; la grande distance
des Indes orientales, quoique saines, épou-
vantaient les régimens destinés à s'embar-
quer, à un point que le ministère s'était vu
obligé de refuser la démission d'un trop
grand nombre d'officiers qui refusaient un
service qu'ils disaient n'avoir pas em-
brassé.

Époque de
la création des
régimens fixes
des colonies
qui porte le
nom de celle
où ils sont at-
tachés.
Le nouveau ministère, avec les attraits
séduisans de la nouveauté et l'applaudis-
ment des troupes, qui ne cessaient de se
plaindre et de crier contre un système
destructeur, leva des régimens qui y furent placés à demeure en 1773. L'envoi
de plusieurs bataillons en 1775 prouve
leur insuffisance ou quelque vice dans
leur formation. Les régimens ont aussi
leur enfance commes les membres qui les
composent : cette solidité, cet ensemble,
ce concours au bien général, qu'on appelle
esprit de corps, qui demandent plusieurs
années, demandent aussi des objets de
comparaison et d'émulation. Des troupes
livrées à elles-mêmes, nouvellement levées, composées d'officiers de différens
corps, dont l'union n'a pas été aussi

prompte qu'il eût été à desirer, ont dû long-tems ignorer ces vrais principes de subordination et de discipline, plus nécessaires dans un pays où l'éloignement, de concert avec le climat, relâche les plus sévères.

La cour pouvait éviter ces inconvéniens, en y affectant les bataillons français qui s'y trouvaient alors, et qui étaient acclimatés : ils eussent tombé dans le même vice que les troupes fixes, mais ils eussent été au moins encore long-tems à arriver à ce relâchement de principes auxquels les nouveaux n'ont peut-être pu atteindre.

Le système des troupes sédentaires aux colonies offre trop de côtés faibles, pour soutenir la foule des argumens qui le combattent. Les établissemens, les mariages, l'acquisition des terres, la propriété qui rendent plus étroits les liens de la société, ont bientôt fait de l'officier et du soldat un colon et un citoyen, qui ne connaît plus que son intérêt personnel, intérêt totalement détaché de celui du souverain. Il est une maxime d'état de ne jamais faire garder les provinces du dehors par

Inconvénient des troupes fixes et sédentaires qui deviennent nationales.

des troupes nationales, Leur sort leur fut toujours imprudemment confié, et les troupes étrangères mêmes, par la seule habitude, ne font plus, à la longue, qu'un même corps avec les habitans, sur lesquels un souverain doit compter avec circonspection. (1) C'était sur cette maxime que

---

(1) Les habitans de la Martinique firent en 1716 une action mémorable, dont on ne trouve presque point d'exemple dans les révolutions les plus éclatantes des anciennes républiques ; mais ce trait de force et de vigueur, quelque juste qu'il fût, ne put être appuyé que sur l'éloignement du souverain et la faiblesse de ses troupes. Jamais les fiers Romains et les Grecs, plus spirituels, ne sentirent mieux leur droit, et ne tinrent une conduite plus sage, mieux raisonnée et plus long-tems soutenue.

Les vexations de MM. *de la Varenne*, gouverneur, et *de Ricouart*, intendant, avaient donné aux colons un juste sujet de se plaindre : ils résolurent de s'en défaire et de les renvoyer en France. Ces deux chefs furent invités à dîner au quartier du Lamentin. Tous les principaux habitans de l'île s'y rendirent avec le cortège que demandait la cérémonie auguste d'une élection et sa sûreté. MM. *de la Varenne* et *de Ricouart* ne pénétrèrent

portait la défense aux gouverneurs de se
marier aux colonies, de peur que ces liens
intimes ne leur fissent embrasser, avec par-

---

la révolution qu'au moment où elle était prête
à éclater. Elle fut revêtue de toutes les formes et
de cette sanction qui donna un nouveau poids à
la nomination qui suivit. Leur épée leur fut ôtée,
et dès lors ils furent cassés et déposés de leur
emploi. Les conjurés assemblés se déclarèrent
leurs juges : ils leur rappelèrent leurs vexations
et l'abus de leur autorité ; ils prouvèrent la justice des motifs qui les faisaient agir, et, s'étant
rangés en ordre de bataille, ils élurent M. du
Bucq, qui fut confirmé par le cri public : *Vive
M. du Bucq, notre général!* Ce nouveau chef,
revêtu des pouvoirs les plus légitimes et les plus
sacrés, prit en main les rênes du gouvernement.
Les habitans, confédérés en ordre de marche, es-
cortèrent les chefs destitués. Le convoi passa sous
le Fort-Royal : mais tout avait été prévu ; le secret
avait dicté cette opération : la précision la con-
duisit, et toutes les combinaisons furent si recherchées, que les troupes qui étaient dans la ville
n'eurent aucune connaissance de ce qui se passait
alors. MM. *de la Varenne* et *de Ricouart* cherchè-
rent tous les détours que leur génie put leur ins-

tialité et avec chaleur, les intérêts particuliers des colons, qui, en cas de guerre
surtout, ne sont pas ceux du souverain.

---

pirer pour les instruire de cet évènement : ils ne
purent rien obtenir. La brièveté pouvait seule faire
réussir l'entreprise ; le moindre délai devenait
funeste ; le secret commençait déjà, malgré les
précautions, à se divulguer : on ne leur laissa
même ni le tems ni l'option de leurs dispositions
domestiques. On arriva à un port écarté, où un
vaisseau attendait sous voile, et les deux chefs
furent embarqués.

Des députés de la colonie, montés sur un autre
vaisseau, arrivèrent en même tems à la cour. Le
ministère prit le parti sage et politique de la mo-
dération : les anciens chefs furent blâmés, le
nouveau confirmé, et les rebelles pardonnés. Tout
fut pacifié, et les habitans de la Martinique, qui
ne s'étaient révoltés que contre un pouvoir abusif,
reçurent avec soumission les nouveaux chefs que
la cour leur envoya quelque tems après.

CHAPITRE IV.

SECTION PREMIERE.

De la garde des colonies.

Un gouvernement qui est obligé de contraindre les hommes annonce toujours un défaut dans son système et ses principes ; et si, de plus, il peut éviter les clameurs, et qu'il ne le fasse pas, il approche alors d'un degré d'injustice impardonnable, qui ne diffère en rien de la tyrannie. Or, il parait possible d'éviter l'inconvénient des troupes sédentaires, et les plaintes des régimens français qui crient à l'injustice, en en destinant quelques-uns d'eux pour la garde des colonies, ou en en créant de nouveaux.

Le nombre en serait double de celui des garnisons une fois complettes. Afin qu'ils pussent se relever alternativement, ces régimens, avec le même traitement (1) des

---

(1) Les appointemens étaient sur le pied de guerre, un tiers en sus ; la paie du soldat était

troupes qui y sont, et qui paraît suffisant,
après un séjour de trois ans aux colonies,
reviendraient en France pour y être em-

---

donc par jour de huit sols six deniers, sur quoi on
lui retenait trois sols six deniers pour une ration
composée de vingt-quatre onces de pain, poids de
marc, ou vingt onces, et quatre de riz, et d'une
demi-livre de viande salée : il lui restait par jour
pour son entretien quatre sols dix deniers.

L'officier avait aussi un tiers en sus de ses appointemens. La colonie lui faisait outre cela une
gratification qu'elle payait jadis en nature, mais
par la suite en argent ; elle ne suivait pas la pro-
gression des grades : le capitaine avait, ainsi que
le sous-lieutenant, quarante-deux livres dix sols
par mois; le lieutenant quarante livres ; le porte-
drapeau quarante-trois livres treize sols, et le
lieutenant de grenadiers, qui avait plus que les
autres lieutenans, n'avait de rations que vingt-
sept livres dix sols. Mais comme le bonheur est
souvent relatif pour les hommes injustes et incon-
séquens, et que c'est le plus grand nombre,
les appointemens des troupes ayant augmenté,
on augmenterait en proportion ceux des régimens
coloniens, dont on pourrait même accélérer les
récompenses dues à l'ancienneté.

ployés à l'armée ou au service des places,
sans aucune distinction de nom, d'uni-
forme, de rang et de solde avec les autres régimens pendant leur séjour de trois
ans, après lequel ils repasseraient aux colonies, ainsi de suite triennalement.

Des hommes connaissant leur destination, accoutumés aux voyages, faits au climat, y passeraient sans alarme ; la cour
pourrait même avoir l'attention de les pla-
cer dans le même lieu. (Il serait peut-
être dangereux de les faire changer, à
cause du climat.) Une infinité d'attraits
les y appelleraient avec plaisir ; un climat
déjà connu ne les épouvanterait plus ; la
cour n'aurait à craindre aucun réfroidisse-
ment pour ses intérêts, encore moins aucun relâchement de discipline, qu'une
absence de trois ans pourrait diminuer,
mais non faire oublier, et qui, d'ailleurs,
aurait bientôt repris sa première vigueur
en France.

Un sol fertile, un été perpétuel qui excite la curiosité des autres nations, ne font
aucune impression sur celle des Français;
ils craignent même le voyage : et un Anglais

fait celui de la nouvelle Angleterre et des
Antilles plus aisément et avec moins d'in-
décision qu'un seigneur français ne fait
celui d'Italie. Le voyage de l'Amérique
n'est que de trente jours ; celui de l'Inde
orientale, à la vérité, est plus long; mais
on pourrait proportionner le séjour des
troupes à la distance ; d'ailleurs, l'air y est
très-sain : celui des colonies de l'occident
s'épure tous les jours ; l'habitude familia-
riserait aux voyages. De légères mais in-
dispensables attentions suffiraient au ministère dans l'envoi des troupes, sur la saison, sur une méthode moins confuse et
moins gênante, et plus saine pour le passage, mais surtout sur les différens travaux auxquels on les emploierait aux colonies. Le canal du Fort-Royal et les travaux du garnier ont beaucoup contribué
à ce point de dépérissement et de faiblesse
où l'on a vu les régimens revenir de la
Martinique en France : cent hommes du
second bataillon de Limousin, qui n'a fait
qu'y passer sept mois, n'y seraient pas
morts: tandis que dans le même espace de
tems celui de Royal-Vaisseau n'a pas

perdu un seul soldat à la Guadeloupe.
Mais le Fort-Bourbon une fois habitable,
les troupes, divisées dans son enceinte et
celle du Fort-Royal, n'auront rien à craindre de l'air encore un peu mal sain de la
ville, dont les casernes, par leur structure et leur local, sont un motif de plus
pour la faire abandonner : situées derrière
la ville, une partie à l'entrée du marais,
et l'autre au milieu, elles en reçoivent continuellement les vapeurs, et conservent à
leur rez-de-chaussée une humidité pernicieuse : quant à leur structure, elles ont le
même défaut que la plupart de celles de
France. L'infraction à la méthode ordinaire et salubre de bâtir, tant plein que
vide, est d'autant plus coupable, qu'elle ne
peut porter que sur la dépense des fenêtres :
cette raison, toute faible qu'elle est, (la
quantité d'air d'un appartement devant
d'ailleurs être proportionnée à celle des
hommes qui doivent l'habiter) ne peut
être alléguée par rapport aux îles, puisque les chassis sont garnis en toile, et
même qu'on pourrait s'en passer.

A l'inconvénient de l'obscurité est joint

celui de la chaleur : ces grands corps de
logis, cloisonnés dans leur milieu de toute
leur longueur, donnent des chambres dou-
bles qui n'ont qu'une fenêtre : on éprouve
dans celles qui sont sous levent une chaleur étouffante : celles qui sont au vent
ne sont pas plus fraîches ; l'air ne pénètre
que lorsqu'il trouve une issue. Les chambres devraient être vastes, claires, spa-
cieuses, et de toute la largeur du bâtiment,
avec des fenêtres opposées : un courant
d'air établi renouvellerait celui de l'appartement, et entraînerait avec lui cette masse
de vapeurs qu'exhale le corps humain,
surtout dans les pays chauds, où la transpiration est continuelle. Il y régnait une
odeur si infecte, qu'il ne fallait rien moins
que le besoin et le bien du service pour la
faire braver.

Un habitant, exposé dans son appartement à un air ambiant, y retrouve les
principes de la vie : ce n'est que pour un
homme qui a fait le sacrifice de la sienne
que l'on est indifférent sur les moyens de
la conserver.

SECTION II.

Nouveau projet pour la garde des Colonies.

Il est une classe d'hommes aux îles de laquelle on pourrait se servir utilement ; tout
dépendrait des premiers principes à leur
inspirer, ou, vulgairement parlant, du premier pli à leur faire prendre : l'établissement une fois faite n'aurait besoin que
d'être dirigé par des mains habiles.

Les lois qui tracent une ligne de démar-
cation entre les esclaves et les affranchis,
ont paru trop favorables aux habitans
blancs des colonies, qui ont cru qu'il était
plus prudent de présenter toujours à ces
derniers leur origine, en n'effaçant les
empreintes de leurs chaînes et les nuances de leur premier état qu'en proportion
de celles de leur couleur , et qui ont jugé
qu'il était peu sage de leur fournir des
moyens de vengeance que le souvenir de

l'esclavage pourrait faire naître dans leur cœur.

Il y a bien des restrictions à faire sur ces inquiétudes : des compagnies de nègres et de mulâtres libres, destinées à la police et à la recherche des esclaves déserteurs, ont paru remplir cette mission avec beaucoup de volonté et de bonne foi : sortant eux-mêmes de l'esclavage, la discipline, avec lequel elle a quelque rapport, ne peut leur paraître ni dure ni étrangère; cette ardeur qu'ils font paraître à la recherche des hommes, dont la couleur est un crime, et dont la ressemblance fait le leur, doit établir avec certitude les différens degrés que la liberté leur a fait franchir, pour se rapprocher des blancs.

Une enveloppe noire, ressemblant à celle de cet être malfaisant que les nègres peignent en blanc, et qui ne cherche qu'à perdre les hommes, peut-elle renfermer un cœur noble et généreux? C'est ici qu'on peut appliquer justement cette sentence de Cicéron, si favorable à la beauté : « qu'il sied bien à une belle ame d'être logée dans un beau corps. » On les a crus plus en-

clins au crime qu'avides de gloire. Que
cette cause à plaider d'une partie des
hommes, pour qui l'autre est cruelle et
injuste, est humiliante pour l'humanité.
Mais ce serait ici tracer une image, que
l'intérêt et l'avidité auraient bientôt effacée.

La liberté qu'ils ont obtenue, et qu'il
faudrait ne point donner trop légèrement,
doit leur être infailliblement enlevée par
le vainqueur, qui, pour accélérer un
siège, leur en promet quelquefois la conservation. Cette crainte de redevenir esclaves, qui leur fait rejeter tout projet de
retourner en Afrique, leur pays natal,
malgré les liens du sang et de l'amour
qui pourraient les y appeler, n'est-elle pas
assez puissante pour leur faire combattre
un ennemi commun qui en voudrait à sa
liberté et au gouvernement son bienfai-
teur ? refuseront-ils un peu de sang pour
conserver les premiers droits de la nature
qu'ils n'ont achetés qu'au prix de leur
sueur et de leurs larmes. Cette idée de
partager encore le poids d'une chaîne
qu'ils faisaient porter à leur tour doit les

4

épouvanter. L'aiguillon de gloire est donc
tout trouvé dans chaque individu ; il ne
reste donc qu'à trouver la forme la moins
imparfaite pour les diriger en masse.

Une compagnie, plus ou moins nombreuse,
d'hommes libres dans chaque quartier,
commandée par des Européens, y serait,
en tems de paix, avec une modique paie,
dispersée et occupée à ses affaires, à l'exception de quelques revues particulières ou
générales, et quelques instructions qui,
surtout, ne seraient pas fréquentes. Ce
n'est qu'une domination douce et aisée
qui puisse les attacher au gouvernement,
et leur faire chérir la liberté : une distrac-
tion de leur travail les entretiendrait dans
une inquiétude nuisible.

La politique mit des entraves à la liberté
des esclaves, soit qu'elle eût en vue de
s'opposer à la multiplicité des affranchis,
que les colons regardent comme des hommes dangereux, soit qu'elle l'envisageât
comme une ressource en formant une
caisse d'affranchissement pour subvenir
aux différens établissemens utiles de la
colonie.

L'esclavage d'un seul était une condition trop douce : un homme seul pouvait
être trop sensible , et le nègre eut deux
tyrans , son maître et le gouvernement.

Le gouverneur avoué par le souverain
expédie les patentes de la liberté , en exigeant du maître une somme ordinairement égale à la valeur du sujet. L'utilité
publique l'autorise souvent à proportionner le prix de l'esclave au desir et à l'intérêt que le maître paraît y prendre. On
sent que la taxe des femmes doit être plus
forte que celle des hommes : ces malheureux n'ont que le simple avantage d'être
utiles ; les premières savent amuser : elles
ont ces droits et ces privilèges que tout
l'univers reconnaît dans leur sexe; elles
savent faire servir à leur parure le collier
même de l'esclavage. On les voit déposer
sur leurs orgueilleux tyrans des chaînes
dont elles leur font baiser les empreintes : le
maître devient esclave, et n'achète une
liberté que pour donner la sienne. Ce scep-
tre de fer que les Européens portèrent
en Amérique vient se briser à leurs pieds,
et l'oubli de leurs lois injustes et cruelles

est un hommage rendu aux douces et in-
vincibles lois de la nature. Cette tendre
mère, qui remit ses droits à un sexe pour
rappeler l'autre à ses devoirs, parut confier tous ses secrets aux femmes de la zone
torride, et se plaire à les dédommager de
ces couleurs vives et brillantes qu'elle leur
a refusées par une forme agréable du corps,
auquel elle se plaît à donner une tournure
déliée et svelte, par une délicatesse d'or-
ganes qui les rend susceptibles aux impres-
sions les plus légères du plaisir, et qui
les subordonne à cette sensibilité, qu'une
construction vigoureuse, et leur tempérament, de concert avec les feux du soleil
qui éclaire leur innocence et leur bonne
foi, entretient et dirige continuellement à
l'amour.

Cette tendresse qui séduit chez les femmes des climats doux et tempérés est une
vivacité qui entraîne chez celles de la zone
brûlante; elles possèdent au dernier degré le talent de rappeler ce tribut que les
hommes doivent à la beauté : là leurs tyrans sont à leurs pieds, se reprochant leur
dureté et l'injustice de leurs droits; et

c'est dans des yeux où l'amour étincèle
qu'ils lisent leur pardon et leur grâce,
toujours accordés : là l'égalité reprend ses
droits et la nature est vengée.

Une grande partie des hommes libres
habitent les bourgs, où ils font usage de
leurs talens ; d'autres ouvriers travaillent
dans les habitations, et les autres culti-
vent la terre. On voit que la moindre
soustraction de tems leur porterait un très-
grand préjudice, à moins qu'on ne la
remplaçât par une solde équivalente à
leur gain : mais, en général, une occupation aux biens de propriété, qui souls attachent les hommes, devrait être préférée
à celle qu'exigerait quelque degré d'instruction militaire. Quelques attentions suffiraient au gouvernement ; celle de les entretenir dans la médiocrité, et de ne point
voir avec indifférence dans leur famille
un accroissement de richesses. On pourrait cependant se relâcher sur cette attention à mesure que la teinte noire dispa-
raîtrait, et autoriser même leur alliance
avec les blancs, que ceux-ci regardent in-
justement comme une note d'infamie,

quand la fortune , qui rapproche tous les
états , n'aurait à effacer que quelques
nuances légères que les yeux ne peuvent
saisir , mais qu'une tradition injuste rappelle à la postérité , et qu'un faux préjugé
regarde avec mépris.

Moins employés à la police et au service
des places, en tems de paix, qu'à la défense
des colonies en tems de guerre ; dispersés
et désarmés, contenus par un petit nombre
de troupes d'Europe pour la garde des
forts , et peu instruits sur l'offensive, on
ne devrait point craindre le soulèvement
d'une classe d'hommes de qui le bien le
plus précieux est une liberté à laquelle il
serait dangereux de porter atteinte , et
dont il faut leur embellir l'image pour
leur inspirer la crainte de la perdre.

C'est dans ces mêmes hommes , rassem-
blés et entremêlés de ces mêmes troupes
d'Europe qui les contiendraient en tems
de paix , et les guideraient en tems de
guerre ; qu'on trouverait cette bravoure
naturelle ; seule nécessaire pour s'opposer
à un débarquement , ou pour le rendre
inutile, et cette ardeur qu'inspirerait la vue

des chaînes, et qu'on ne doit point attendre (sans pouvoir même leur en faire un crime) des habitans qui n'ont que leurs biens à perdre, et qui ont l'espoir de le sauver dans une prompte soumission.

Le gouvernement ne doit jamais entre- Attention du gouvernement. prendre un pareil système, s'il se décidait à mettre à la tête de cette noire milice de ces ambitieux, austères par corruption ou par ignorance, qui traitent avec gravité les choses les plus légères, qui mettent de l'importance aux actions les plus futiles, qui, vains de leur autorité, en abusent à chaque instant, qui se servent du prétexte absurde et coupable de service ou d'ins- truction pour tourmenter les inférieurs, qui ne voyant les vrais principes de la dis- cipline et de la subordination qu'à tra- vers du voile qui enveloppe leur cœur ou leur esprit, substituent par noirceur, ou confondent par ignorance la fermeté et la dureté, le ton qui en impose avec celui qui aigrit, et ces propos qui attirent la confiance des subordonnés avec ces paro- les menaçantes qui attirent leur haine et souvent leur mépris. Le tourment devien-

drait aux affranchis plus dur que l'esclavage, et la conservation d'une colonie serait imprudemment confiée à des hommes
qui trouveraient dans la politique ou dans
l'aménité du vainqueur une diminution à
leurs peines.

Mais ces troupes, dirigées par des chefs
modérés, éclairés et conciliateurs, qui sau-
ront les attacher et leur faire aimer le gouvernement, rempliront tous les objets sans
peut-être les juger : ils ne verront que
leur avantage, et défendront en même
tems l'intérêt commun, plus occupés d'eux-
mêmes que de la gloire : ce n'est pas qu'ils
n'en soient susceptibles ; on doit même
chercher à la faire naître, et ce serait aux
chefs qui les guideraient par des récompenses, des promesses, des éloges, enfin
par tous ces moyens qui flattent et enga-
gent, et que les hommes adroits et humains
ont toujours employés efficacement à ré-
chauffer un germe que l'esclavage avait
étouffé, mais que la couleur de leur
peau n'empêchera pas de développer. Ce
noble motif, de concert avec celui de la
liberté, pourra peut-être faire atteindre

ce but si recherché de la conservation et
de la défense des colonies, dont on est bien
éloigné , et auquel on ne parviendra qu'a-
vec le troisième et fameux conseil , si ou-
blié de Perrénc à Henri IV : *Pelago.*

CHAPITRE V.

De l'avantage des colonies relativement à l'extension du commerce, d'où résultent le développement des nations, leur splendeur, et le progrès des connaissances.

L'ÉLOIGNEMENT que la cour de France a fait paraître de tous les tems pour la marine, (1) afin de maintenir sa noblesse dans la pauvreté, soutenue dans sa politique par l'indifférence de cette même noblesse qui a sucé l'erreur avec le mé-

---

(1) Après l'affaire de M. de Conflans : « Cette bataille perdue, dit au roi la marquise de Pompadour, est le plus grand bonheur qui pût arriver à votre majesté par l'anéantissement d'une marine qui ruinait l'état, et qui était inutile. » Couleurs empruntées d'Olivares lorsqu'il voulut colorer à Philippe IV la perte du Portugal.

pris qu'on a répandu sur les commer-
çans, et à laquelle on est parvenu de faire
regarder avec dédain des postes éminens
dans les Indes, qui la priveraient de la
présence du souverain et des plaisirs de la
capitale, a dicté l'énoncé d'un problème :
« s'il ne valait pas mieux abandonner les
colonies que de les conserver. Un seul mot
suffit : que de caisses formées par les douanes qui, vidées dans le trésor du prince,
y tiennent la place des impôts ! La métropole qui a des colonies, est comme un particulier qui a des domaines : supposé qu'ils
appartiennent au souverain, les sujets en
sont les géreurs ; les denrées leur coûtent
moins, puisqu'ils les ont de la première
main, et une grande quantité d'hommes
sont employés à leur culture : la nation,
qui fut la plus laborieuse, fut toujours la
plus peuplée par la certitude à tous ses
membres d'assurer du pain à ceux à qui
ils donnent la vie ; et la population, à son
tour, dénota un peuple laborieux, par la
nécessité de nourrir ceux à qui il donne
le jour. »

Second problème : Ne vaudrait-il pas

autant acheter ses denrées de ses voisins ,
s'enfermer chez soi, sur un terrein agréable et fertile, sous un ciel pur et tempéré,
employer sur ses côtes les fonds engloutis
pour la marine , et attendre l'ennemi? On
répond: Il est humiliant pour un homme
de régler ses desirs sur la volonté d'au-
trui : c'est déjà un fleuron perdu de la
liberté de recevoir la loi sur ses fantai-
sies et les choses de goût. On a souvent
entendu le cri des hommes raisonnables
et pensans contre les permissions exclusi-
ves obtenues par des citoyens , qui taxent
par-là les desirs des autres : que serait-ce
si elles étaient données à un étranger! que
de gain serait perdu pour l'état! Croirait-
on entretenir la concurrence en partageant
ses achats et ses productions, et maintenir cet équilibre de puissance inconnu avant
Richelieu et Oxenstiern , et surtout cette
balance de commerce inventée de nos
jours , conclusion que tous les gouvernemens cherchent à obtenir de tous les principes qu'emploient la nouvelle et saine politique? On n'en serait pas le maître. La
nation ainsi renfermée serait , aux autres

qui viendraient chez elle, ce que le passif
est à l'actif; elle serait son esclave : celle qui
serait la plus nombreuse en vaisseaux serait celle qui s'arrogerait le droit d'importer et d'exporter, et la nation commissionnaire (1) de la France deviendrait
sûrement la plus puissante : la force lui

---

(1) La Hollande fut la commissionnaire de
toute l'Europe : ce fut au commerce de commission qu'elle dut son élévation. C'est à la diminution de ce commerce qu'elle doit son dé-
croissement, et elle doit cette diminution à l'industrie des Anglais et des Français, ses disciples,
qui ont voulu faire leur commerce par eux-mêmes,
et qui se sont lassés de le voir entre les mains
d'une nation étrangère. Il n'est point besoin de
guerre ni d'armes pour diminuer la grandeur
d'une puissance commerçante : la concurrence
ruine ou entretient un commerçant dans l'égalité,
ou le réduit à la médiocrité. L'Angleterre connaissait bien ces principes lorsqu'elle demanda et
que la France consentit à la suppression de
la compagnie d'Ostende : elle vit dans l'a-
venir Ostende à ce degré de grandeur où Anvers,
sa voisine, était sous Charles-Quint; mais la dé-

donnerait le droit exclusif, et réciproquement le droit exclusif lui donnerait la force.

Appuyée sur une source de richesses aussi immenses, et étayée d'un droit incontestable, elle serait bientôt élevée à cette chimère des gouvernemens où celui de Rome est le seul parvenu, mais d'où il fit nécessairement une chûte qui le brisa, et dont on voit à peine quelques vestiges dans ce capitole qui renferma des hommes qui donnèrent des lois à tout l'univers ; après eux, d'autres hommes qui le troublèrent, et qui n'est plus aujourd'hui que l'urne qui contient les cendres de ces deux colosses.

Il est un axiome militaire, fondé sur un principe moral, que tout poste attaqué est un poste enlevé : il en est de même des em-

---

cadence où l'égalité de cette nation superbe est écrite dans les projets et les ordonnances de commerce de toutes les nations du Nord, telle que la Russie, la Suède, etc., dont elle a été jusqu'à présent la commissionnaire.

pires ; la défensive prouva toujours peu
de force, moins de bravoure, et dans tous
les cas, elle parut humiliante. La mo-
narchie universelle fut un système dicté
par la folie, mais qui, pour le faire goûter, se servit du langage de l'orgueil et de
la présomption. Se faire estimer et res-
pecter est un point que nous indique du
doigt la saine raison, et qu'elle défend
d'outrepasser : mais la chimère trouva jadis un homme qui la monta ; son audace
lui mérita l'honneur du Panthéon, et Pitt,
en se rendant maître de la mer, marchait
à grands pas à l'empire universel. Son audace lui mérita une statue.

La communication des individus a seul Utilité des voyages.
débrouillé le chaos où étaient ballotés les
empires, les a arrachés de la fange des
préjugés où ils croupissaient, et a dissipé
les nuages épais de l'ignorance dont ils
étaient enveloppés. C'est aux voyages qui
ont établi cette communication qu'on
doit cette pureté de mœurs, cette douceur,
cette patience, cette constance dans les
dangers, cette philosophie dont on voit
chez toutes les nations des hommes estima-

bles écouter ses leçons et suivre ses maxi-
mes ; et c'est le commerce maritime qui a
multiplié les voyages par la méthode commode et peu frayeuse qu'il a offerte.

L'industrie qu'il a excitée, et l'activité
qu'il a entretenue, ont fait sortir de leur
foyer des hommes de toutes les classes :
rapportant chez eux des objets nouveaux
et séduisans, allumant l'imagination par
des relations curieuses, ils ont inspiré le
goût des voyages, et par conséquent celui du travail, tandis qu'eux-mêmes, à
travers les écueils et le tumulte d'une vie
errante, ont appris à connaître le prix du
repos, à voir de sang-froid le boulever-
sement des nations, à dédaigner ces ambitieux qui les agitent, et ont calculé d'a-
près les fatigues et les difficultés d'acqué-
rir beaucoup le bonheur de jouir paisible-
ment de peu.

L'infanticide à la Chine, mille fois plus
barbare (parce que la vie est à celui qui
la reçoit, et nullement à celui qui la donne,)
que le suicide qu'on retrouve assez constamment suivi chez quelques nations
d'Europe, problème enfin qu'il est bien

honteux à la nature de donner à résoudre, n'est dû qu'à l'incommunication des
êtres et à la défense aux Européens poli-
cés, mais coupables, d'entrer chez les Chi-
nois par les portes du midi, tandis que les
Tartares, méprisant une barrière puérile,
viennent les subjuguer par celles du Nord.
Ces exemples effrayans, qu'il est bien humiliant pour les hommes d'avoir à citer,
doivent les faire trembler.

Qu'on jette les yeux sur toutes les terres
nouvellement découvertes ; on les verra
inondées de sang humain : les hommes
s'y dévorent entre eux, et l'humanité s'est
logée chez les animaux qui, en Amérique,
sont craintifs et doux. D'un côté ce sont les
enfans qu'on massacre, de l'autre les vieillards qu'on dévoue à la mort ; là des victimes humaines qu'on immole, ici des prisonniers qu'on mange. Qu'on écoute à
présent ces peintres charmans de la simple et bonne nature ! M. Pitt appelle les
crimes ; *des attentats contre la nature ,*
tandis que ces criminels ne sont que des
enfans qui n'ont jamais reçu d'autres leçons
que de la nature.

5

Ce n'est qu'à quelques nations commer-
çantes de l'Europe que plusieurs de ces
peuples doivent les lumières qu'ils ont aujourd'hui sur leur vie et leur existence,
et l'horreur du sang humain. Il est vrai
que les Espagnols, moins généreux qu'avides, ont massacré près de douze millions
d'Américains, pour avoir leur or qu'ils
ne refusaient pas, et que les Français n'ont
point empêché les sauvages du Canada de
manger des Anglais : mais de même que
l'abus ne fait point le procès de la loi, le
crime et la cruauté d'un seul ne doivent
point faire douter de l'aménité et de l'innocence de tous.

Les bords de la Chine sont peuplés de
riches, mais de fripons, tandis que le centre l'est de pauvres, même au sein de
l'abondance, (s'il est vrai que l'agriculture y soit aussi florissante, ce qui est bien
difficile à croire.) et de cruels (1) au milieu des êtres qui ne méritent que la com-
passion. Cette barbarie ne peut tenir qu'à

---

(1) On ne peut attribuer ce massacre d'enfans
qu'à l'impossibilité de pouvoir les nourrir.

l'incommunication dans l'empire, à laquelle on doit attribuer cette marche lente, et fixée depuis si long-tems, des arts, qui ; manquant d'objets comparatifs, sont depuis des milliers d'années au même degré, et se sont arrêtés à ce période que les nations policées regardent comme celui de l'enfance, tandis qu'on a vu dans le Nord de l'Europe s'élever, dans un demi-siècle, un empire au niveau de ses voisins. Son fondateur ne fut qu'un barbare, mais personne ne connut mieux que *Pierre-le-Grand* la nécessité de voyager pour connaître les hommes, et pour épurer ses mœurs qui se ressentirent toujours de leur première rudesse, ayant à vivre lui-même au milieu de son peuple barbare. Il apporta dans sa patrie qu'il forma ces matériaux avec lesquels il jeta les fondemens d'un trône qui n'eut point d'enfance, et dont des calculateurs profonds, (1) mais peut-être un peu trop rigides observateurs des proportions, ont calculé la chûte dans un accroissement trop prompt.

---

(1) J. J. ROUSSEAU, *Contrat Social.*

Les colonies, dit-on, sont nouvelles
sources de guerre, mais la guerre est in-
hérente à l'homme, comme l'est en lui la
faculté de penser; elle est une plante in-
digène sous tous les climats : ouvrez l'histoire; les guerres de citoyens à citoyens
ne finissent que quand celles de nations à
nations commencent, et les meilleurs gouvernemens n'ont trouvé d'autres moyens,
ou qui fussent du moins plus efficaces,
pour faire cesser les guerres civiles que
celui des guerres extérieures. Y avait-il
moins de guerres en Europe avant la
connaissance, pour les Européens, des
autres parties du globe, sans multiplier
les citations, et prendre des exemples chez
d'autres peuples; César dit qu'à son arrivée dans les Gaules les peuples y avaient
toujours quelques guerres presque tous les
ans. Les colonies multiplient le théâtre de
la guerre, mais elles l'éloignent et le divi-
sent. Les torrens qui roulent en masse des
montagnes détruisent tout ce qui se rencontre sur leur passage, et anéantissent
les campagnes; divisés par la main pré-
venante et industrieuse de l'homme, ils

sont moins dévastateurs. Les tems employés
nécessairement à la confection des armées
destinées à des expéditions lointaines, à
leurs approvisionnemens de tout genre, à
leurs transports, et à vaincre des obstacles sans cesse renaissans que présentent
de longs trajets, sont autant de tems enlevés au plus grand des maux de la guerre,
la destruction de l'homme. Il en est des
guerres lointaines et des guerres de voisi-
nage comme de ces trombes qui, à peine
élevées de la mer, retombant à la même
place, engloutissent de leurs poids tout ce
qui se rencontre sous leur énorme chûte:
ayant pu s'élever, et devant aller éclater
au loin, divisées dans leurs élémens, la
chûte en est plus légère et les effets moins
désastreux. Ainsi, les colonies, comme
sources de nouvelles guerres, sont en cela
seul un bienfait que celles-ci étant plus
lointaines, plus divisées, plus difficiles,
leurs ravages, leurs maux sont moins éten-
dus ; mais elles sont encore un bienfait, en
ce qu'elles ajoutent aux jouissances de
l'homme.

Toute guerre sans doute est un mal ;

mais toute jouissance est un bien. Les maux
qui résultent de la guerre sont toujours les
mêmes, ils sont invariables ; c'est toujours
la peine, la misère et la mort : les jouissances qui en résultent varient ; elles sont
plus ou moins nombreuses , et sont surtout
plus ou moins piquantes par la nouveauté
et la difficulté qui en augmentent l'attrait.
Les Huns , les Alains, et les autres barbares qui inondèrent les Gaules , l'Italie et les
Espagnes, n'y étaient attirés que par l'huile
et le vin que leurs climats ou leur ignorance refusaient : car l'homme ne fait la
guerre que pour ajouter à ses jouissances.
Les jouissances de tout genre , physiques
et morales, que procurent aux Européens
leurs colonies, dans les autres parties du
globe sont innombrables ; sans compter le
bienfait de celle de l'Europe, qu'ils procurent aux habitans de ces pays. Il est donc
d'une saine et judicieuse politique aux
peuples et aux gouvernemens qui les diri-
gent de pencher vers la sorte de guerre
qui dédommage le plus des maux qu'entraîne ce fléau ; or , les colonies offrent ce
résultat. Il est même de l'intérêt des mé-

tropoles de les multiplier, toutefois en
raison de leurs moyens de protection et de
leur intérêt, dis-je, non-seulement comme
moyen de multiplier les jouissances, et de
diviser le théâtre de la guerre, mais encore
comme un moyen de diminuer la guerre,
par la raison que les administrations colo-
niales, constantes et actives, tiennent en
tout tems les hommes du corps social occupés ; et combien de guerres qui, outre
les vues d'agrandissement de territoire,
d'accroissement de richesses, c'est-à-dire
d'augmentation de pouvoir, car elles n'ont
point toute leur source dans des rivalités extérieures n'ont eu d'autres causes que l'inquiétude d'une noblesse oiseuse, et la tur-
bulence d'une populace inoccupée !

Nous voilà arrivés à l'*ultimatum* des
argumens faits contre les colonies. Ne se-
rait-on pas plus heureux de se passer des
productions étrangères qui ne nous con-
viennent point, puisque la nature nous les
a refusées ? Ces hommes, plutôt peintres
que dissertateurs, ne manquent point de
tracer, à côté de leurs objections, l'usage
pernicieux de ces alimens qu'ils expriment

par des poisons agréables, les risques et
les naufrages qu'ils appellent la vengeance
d'un élément établi pour séparer les hommes, le luxe qui détruit les empires, et la
dépravation des mœurs.

Quant à la privation, parviendra-t-on
à éteindre chez les hommes le desir des
objets qui les ont déjà flattés?

Empêchera-t-on les yeux de se fixer sur
ces brillantes couleurs répandues sur les
minéraux et sur les végétaux, dont la robe
des animaux est parsemée, et les plumes
des oiseaux nuancées sous la zone torride? les empêchera-t-on de se reposer
avec complaisance ou surprise sur ces formes et ces dessins agréables ou barroques
qu'une main habile ou folle sait donner
à la porcelaine, et imprimer sur les étoffes
de l'Orient? les empêchera-t-on d'être vivement frappés de l'éclat de ces pierres
précieuses qui paraissent autant d'étincelles que le soleil dispense aux hommes
qui vivent sous ses rayons? Rendra-t-on
insensible au goût et à l'odorat ces sucs et
ces parfums qui distillent les fleurs et les
fruits des deux Indes? retirera-t-on à la

volupté ce duvet et ces peaux douces et
moelleuses que des hommes infatigables
et durs à eux-mêmes vont chercher dans
le Nord, à travers les écueils et les rigueurs
du froid, pour faire un lit à la mollesse ?
Enfin, veut-on que l'homme soit constant,
c'est exiger qu'il soit toujours puissant ;
mais l'inconstance est dans son cœur,
comme l'impuissance dans ses amours. La
nouveauté pour lui est comme la flamme
qu'on présente au fluide enveloppé ; elle
l'échauffe, l'agite et le fait bouillonner ;
en est-elle séparée, le fluide devient froid.

Quant au pernicieux usage des productions alimentaires, le moindre souffle ter-
nit une glace, et le détail de leurs vertus
bienfaisantes serait plus long à nombrer
que celui de leurs qualités nuisibles, que
l'on sait bien ne résider que dans l'excès
et l'indiscrétion des voluptueux qui les
dévorent ou qui s'en enivrent.

Quant aux risques et aux naufrages,
suivant les registres des amirautés, (1) on

---

(1) *Les intérêts des nations de l'Europe*, par
rapport au commerce, tome III. DE FORBONAIS.

a évalué en France les risques des mers,
pendant dix-huit années de paix , à un
vaisseau sur cent quatre-vingt, et les as-
sureurs en tems de paix calculent la perte
d'un navire sur cent, y compris les ava-
ries. D'ailleurs, la terre, toute solide
qu'elle est, s'entr'ouvre bien pour englou-
tir des hommes et des villes entières. La
liberté de l'homme fut de lutter contre les
élémens, de les braver, et quelquefois de
succomber.

Quant au luxe, il faudrait qu'il fût aboli
dans tous les états ; il y aurait alors pauvreté réciproque, et le monde politique
subsisterait également, mais le luxe a cela
d'avantageux qu'il divise les richesses
qui ne sauraient être trop réparties ; il répand à pleines mains les trésors que l'avidité puise dans les places de finances , et
qui sans lui demeureraient entassées
dans les coffres de l'avarice. L'opulence
est le rentier de l'industrie, et le luxe
enfin n'est point dans la proportion des
familles aux empires : la ruine d'un citoyen
n'importe point à l'état, si ses richesses
ne sortent point du royaume, c'est une

augmentation au contraire de circulation
et d'activité.

Quant aux mœurs, elles peuvent être
corrompues chez quelques individus ; mais
c'est un bien léger inconvénient auprès
des progrès des arts et des sciences et des
connaissances, pour lesquelles on ne peut
soupçonner que beaucoup d'indifférence
à ceux qui prêchent l'abandon des colonies : ces hommes, d'un tempérament
qui demande peu, et d'une fortune qui
permet encore moins, paraissent avoir
établi les fondemens de leur système sur
leurs desirs et leurs pouvoirs.

Mais le dernier retranchement de leur
stoïcisme est : Le bonheur consiste-t-il dans
les productions des colonies ? était-on plus
malheureux lorsqu'on ne les connaissait
pas ? Cette objection n'est pas même spé-
cieuse : le bonheur est comme le tems ;
les idées sont la mesure de celui-ci, et les
jouissances le sont de l'autre. L'homme
qui aura fait le plus de réflexions aura
le plus vécu, comme celui qui aura le plus
joui, aura été le plus heureux ; mais, en
morale comme en physique, les objets ont

également plusieurs faces, et les yeux de l'esprit s'agitent sur les idées, comme ceux du corps sur les différens reflets que donnent les couleurs selon les différentes incidences de la lumière.

CHAPITRE VI.

Utilité du commerce relatif aux Colonies.

LE système de se resserrer dans les bornes d'un commerce intérieur a trouvé des partisans qui se sont laissés persuader par quelques vérités particulières, et éblouir par la magie des paroles.

Le commerce intérieur, leur a-t-on dit, resserre et entretient l'union des citoyens par une circulation facile des denrées et des espèces également réparties d'après les besoins respectifs et modérés d'un chacun, au lieu que les richesses se trouvent bientôt possédées par le petit nombre d'actifs qui entreprennent le commerce étranger. L'échange (1) arrête la circulation :

(1) On se conforme ici à cette définition de mots de quelques auteurs qui ont écrit sur le commerce.

il doit, par conséquent, être regardé
comme funeste; il inspire de nouveaux besoins, plus de desirs, le goût des commo-
dités ; il introduit le luxe (cet arimane
des économistes) mais la multiplicité des
besoins suppose celle des jouissances; et
cependant, comme dit Montaigne, « assis
sur un trône ou sur un escabot, n'est jamais
assis que sur son cul. »

Mais on répondra à cette longue objection. Cette vérité morale de l'écrivain français, si satisfaisante pour le cœur humain,
doit-elle éteindre de l'homme cette curiosité
et cette émulation d'augmenter ses plaisirs
et ses connaissances? Dira-t-on que ce prince
nègre dans sa forêt, assis sur un tronc d'arbre qui lui sert de trône, demandant avec

---

L'échange réciproque de leurs denrées, que font
entr'eux les habitans d'un royaume, s'appelle circulation.

L'échange proprement dit est le transport de
ses denrées et de son superflu à l'étranger : c'est
à cette époque que commence vraiment le commerce. On nomme donc le commerce intérieur
circulation, et le commerce extérieur *échange*.

orgueil si l'on parlait de lui en France , fût
aussi heureux que ces efféminés sultans
reposant leur mollesse au milieu de leur
sérail , où tous les sens sont enchaînés à la
fois , et où ils n'ont d'autre inquiétude que
l'embarras du choix et la profusion des
plaisirs ? Il faudrait être bien sévère et bien
rigide stoïque pour mettre en parallèle
l'état des deux monarques.

L'homme est-il fait pour habiter toujours le coin de terre où la nature le dé-
posa ? Ce fut le partage des animaux d'être
attachés au sol qui les vit naître , encore
cette règle souffre-t-elle exception pour les
oiseaux qui ont des moyens de transport.
Son existence est-elle équivoque dans la
bouche du grand être , « il commandera à
tout ce qui respire : » S'il n'a pu lever encore
qu'un coin du voile qui lui dérobe l'infinité des mondes qui roulent sur sa tête ,
s'il n'a pu surprendre la nature dans ses
opérations , et pénétrer ses mystères , s'il
ignore encore l'attitude des cieux , et la
profondeur des mers , rien ne doit lui
échapper à son niveau ; il doit en rapprocher toutes les distances , et mettre,

comme dit l'auteur des Intérêts de l'Europe, à contribution toutes les parties du globe.

Si le commerce intérieur entretient l'harmonie parmi les citoyens, l'extérieur l'entretient entre les nations. Ces deux systèmes sont relatifs, et si l'on a vu un peuple annoncer une domination impérieuse sur ses voisins, et devoir sa puissance à son commerce et à ses colonies, il est donc indispensable à ses voisins d'en avoir, pour entretenir entre les nations de l'Europe cette balance qu'entretient parmi les particuliers la circulation intérieure des royaumes.

D'ailleurs, l'échange, bien loin d'arrêter la circulation, ne fait que l'augmenter, en assurant aux particuliers le débouché de leur superflu. C'est ce superflu dont le débit assuré réchauffe l'émulation, augmente l'agriculture, jette une nouvelle masse de denrées dans la circulation, multiplie le travail, encourage la population, parce qu'il exige des bras, mais que ne se soucie pas d'obtenir l'homme dont le commerce est borné, qui craint, par une suite de ces principes

faux et mauvais , d'avoir un excédent de
ses denrées en pure perte , et qui , ne sortant point des limites étroites que le préjugé lui a irrévocablement marquées , n'est
jamais que le citoyen passif d'un état faible et dans l'enfance.

Mais les économistes , pour appuyer
leurs preuves , font intervenir la gloire
des nations qu'on a vu s'éteindre dans la
mollesse , effet certain du luxe (1) qu'introduit le commerce étranger. A ces argumens spécieux ils offrent des tableaux ef-

_____

(1) Si les Français étaient portés à la déifica-
tion ou à la population du ciel comme les Grecs,
et qu'ils eussent fait du luxe un dieu , fils du commerce et de la mollesse , auquel ils eussent donné
pour mère commune l'agriculture , qui eût eu pour
fille la population , laquelle , par un privilège attaché aux dieux seulement , eût été à son tour la
mère de l'agriculture , qu'on aurait fait descendre
de l'industrie , qui , comme on sait , est la fille de
la nécessité , peut-être les économistes eussent-ils
pardonné au fils en faveur de la parenté et de sa
noble origine.

frayans; Carthage commerçante reçut
des fers de Rome guerrière ; Athènes florissante fut vaincue par la frugale Sparte;
les Grecs sobres battirent les Perses efIé-
minés ; le fer du Macédonien le rendit
maître de l'or de l'Inde ; la Chine succomba sous les Tartares ; la Perse, de nos
jours , avec toutes ses richesses, fut sub-
juguée par le barbare Thamas-Kou-li-Kan;
Rome, à son tour, qui avait subjugué
l'univers, et soutenu dans sa pauvreté le
poids de cette conquête, succomba sous
son luxe: ce fut lui qui ouvrit les barrières de ces provinces éloignées qu'infestè-
rent les barbares.

A tous ces argumens on répondra par
cette objection : deux hommes sont , l'un
riche , et l'autre pauvre; le premier excite
l'envie, et craint même, si l'on veut, d'être
dépossédé par l'autre de ses trésors. Quel
est l'état préférable de l'opulent ou du vo-
leur ? L'alternative n'est point embarras-
sante , on est toujours à même de se mu-
nir contre les attentats de l'indigent , ou
d'acheter son repos , et d'être possesseur
tranquille ; et si , comme dit l'auteur, des

Intérêts de l'Europe, la raison nous
montre moins dans l'histoire des batailles
la gloire des nations que celle des géné-
raux ; elle nous montre moins aussi dans
la chûte des empires, les inconvéniens
du commerce et du luxe qui le suit, que
la fausse gestion des ministres, ou le mauvais choix et la conduite encore plus blâmable des souverains.

La France, dirigée par Colbert, tenait
déjà cette balance où elle devait peser le
destin des nations de l'Europe ; elle s'éle-
vait sous lui à cette supériorité que ses suc-
cesseurs ont laissé envahir à l'Angleterre.

C'est leur commerce étranger et les colonies qu'elles fondèrent qui ont fait parvenir jusqu'à nous les noms célèbres de
Tyr, de Sydon, d'Athènes, de Carthage
et des Phéniciens. Ce ne fut point leur or
qui les fit tomber ; ce fut lui, au contraire,
qui retarda leur chûte.

Venise commerçante était assez puissante pour proposer au soudan d'Egypte
de couper l'isthme de Suès, et de faire un
canal de communication entre le Nil et la
mer rouge. Mais les Portugais doublè-

rent le Cap de Bonne-Espérance : Lisbonne
fut tout, et Venise ne fut plus rien. La
cérémonie du mariage de son doge avec
la mer est un vieux titre de son empire
sur cet élément, et un monument de cette
antique splendeur, qu'attestait encore la
ligue de Cambrai, et le siège de Candie,
le plus fameux qu'il y ait dans l'histoire.
La concurrence et l'industrie des Portugais
lui enlevèrent son commerce : Lisbonne,
élevée sur les ruines de Venise, devint,
en un instant, la plus florissante ville de
l'univers.

Charles-Quint ne dut sa fameuse existence qu'aux découvertes de Colomb, Anvers, à son tour, devint la rivale de Lisbonne, qui ne pût soutenir une pareille
concurrente ; et la conquête du Portugal,
qui acheva de mettre entre les mains de
son successeur toutes les découvertes de
l'Asie et de l'Amérique, donna, un instant, à Philippe II, dans les quatre parties du monde, cette puissance qu'il n'a-
vait eue lui-même qu'en Europe. Mais la
Hollande, que l'inquisition de ce même
Philippe, et les cruautés du duc d'Albe

firent sortir de ces marais, lui enlevant
les conquêtes des Portugais, Amsterdam
s'éleva sur les ruines d'Anvers : sans productions territoriales, cette nation sut de-
venir une des principales puissances de
l'Europe. Ce fut sa grandeur et son élévation qui excitèrent la jalousie de l'Angleterre et l'émulation de la France : elle
montra aux nations de l'Europe l'avantage du commerce; elle leur en apprit les
règles. Son activité, en allant dans le Nord
chercher des bois et des agrès pour la
construction de ses vaisseaux, développa
dans ses froids habitans leur goût pour les
productions du Midi, et fit connaître à
ces nations hyperborées le prix et la valeur
de leurs forêts.

. Le commerce seul eût prévenu les irruptions des Saxons et des Normands en
Angleterre et dans les Gaules : en préve-
nant leurs premiers besoins et leur en faisant naître d'autres, il les eût insensible-
ment menés aux voies douces de se les
procurer; en les accoutumant à la culture
de leurs terres et au travail; il eut empêché ces émigrations sanglantes qui ravagè-

rent le Midi , et ces scènes d'horreurs si
souvent répétées dans leur gouvernement.
L'Europe doit peut-être sa sûreté de nos
jours à Pierre-le-Grand ; elle doit à jamais
graver dans ses fastes le service important
que cet homme lui rendit : le peuple qu'il
civilisa était descendant de ces hommes
terribles du Nord qu'on ne connaît que
par leur barbarie en Europe et en Asie.
Ce ne fut point sur le trône de ses con-
temporains qu'il fut apprendre à régner ;
c'est dans les chantiers d'Amsterdam, où ,
déguisé , où, conversant avec les matelots
dont il portait l'habit , il travaillait lui-
même , et entrait dans tous ces détails de
ces grands instrumens du commerce qu'il
voyait bien devoir être la base la plus
solide de l'empire qu'il avait à former.
Il ne s'écarta jamais de son système au
milieu même des horreurs de la guerre
qu'il eut à soutenir contre Charles XII :
il usa de tous les droits qu'elle lui offrait,
c'est-à-dire de toutes ses rigueurs. Il ne
fut point invincible , mais il opposa à
l'Alexandre du Nord deux ennemis trop
redoutables, et qui seront toujours l'écueil

de tous les conquérans, la patience et des
hommes. Je sais bien, disait-il, que mes
troupes seront long-tems battues, mais
cela même leur apprendra à vaincre,
et je hasarde, ajouta-il, quelques jours
avant Pultawa, volontiers dix Russes pour
un Suédois. Les officiers enrichirent la
Russie, et ornèrent leurs maisons des dé-
pouilles précieuses des Polonais : les meu-
bles du château et des jardins de Varso-
vie furent orner les palais et les jardins
de Saint-Pétersbourg et de Moscow, et
tous les prisonniers suédois ou Polonais,
enlevés pour jamais à leur patrie, furent
irrévocablement transplantés dans ses états,
pour y labourer la terre, et montrer à ses
sujets à la cultiver. Mais passons légèrement sur des attentats et des traits d'in-
humanité auxquels la mémoire d'un grand
homme pourrait faire donner des éloges.

Darius n'eût jamais perdu les Indes
s'il eût envoyé en Macédoine et en Grèce
une armée de négocians qui eût été échan-
gés avec les voisins des Thraces et les habitans du Péloponèse les productions de
l'Asie. La soif de l'or, qui met les armes

à la main des conquérans, ne fait employer aux négocians que des voies douces. Ces premiers tyrans de la vie et du bonheur ne peuvent accroître leur domaine, et s'en assurer la possession qu'en détruisant les hommes, au lieu que ces derniers, tyrans de l'oisiveté et de l'indifférence, ne peuvent augmenter leurs richesses et en jouir qu'en les conservant : cela est si vrai, que les négocians anglais, pendant la guerre de 1755, approvionnèrent les colonies françaises, et mille quatre cents bâtimens que leur prirent des corsaires français de la Martinique entretinrent dans l'île une abondance qui tenait à la confusion. Une perte si considérable ne put jamais les ralentir sur les moyens d'entretenir une communication avec les colons. Quelle vénération ne mérite point une profession dont l'intérêt est de secourir ses frères, même ses ennemis! un négociant peut porter atteinte à la fortune de plusieurs, et les risques qu'ils courent mutuellement entretiennent cette égalité et cette bonne foi qui règnent dans leurs actions.

Mais après avoir parlé en faveur des colonies et de ces hommes précieux et chers à la patrie qui les font valoir , nous continuerons quelques observations sur celle qui nous a donné lieu de plaider une cause si belle.

CHAPITRE VII.

Des fléaux qui ravagent la Martinique, et communs à toutes les îles.

LA Martinique est infestée d'un fléau qui faillit faire jadis abandonner la Barbade : la fourmi qui, par ses grands maux et ses dévastations au Brésil, y mérita le nom d'insecte roi, (trait bien satirique du nomenclateur contre les monarques) parut transporter son empire à la Martinique. Les plantes ont aussi, comme les êtres vivans, leurs calamités, mais cet insecte se jette à la fois sur tous deux avec fureur.

Le rat, qui, dans cette île comme dans toutes les autres, est d'une grosseur monstrueuse, y mange et détruit les cannes. C'est un second fléau dont on ne peut se garantir, mais à l'accroissement duquel on tâche de s'opposer par la plus grande

destruction possible qu'on en fait journel-
lement avec des chiens qui les chassent,
les fouillent dans la terre et les tuent, et
avec les nègres les plus médiocres que
l'on sacrifie à cet usage : ils n'ont d'autre
occupation que de leur faire la guerre,
et d'autre obligation que de montrer tous
les jours le corps entier des vaincus, auxquels on coupe la tête, pour qu'ils ne servent pas plusieurs fois au triomphe de leur
ennemi. Mais toute l'adresse, le soin et la
vigilance des hommes ne les mettraient
point à l'abri d'un assaillant qui peuple
avec autant d'abondance et de promptitude dans un climat où la chaleur déve-
loppe les germes avec une profusion qui
épouvante sans le secours de son ennemi
naturel.

Le serpent est l'ennemi du rat. Ce gros
reptile, qui, de toutes les îles Antilles, ne
se plaît qu'à la Martinique et à Sainte-Lucie, où surtout ils sont énormes, y étant
moins troublé, ne put vivre à la Guadeloupe, où un curieux en transplanta,
essai cruel et insensé, qui pour être pardonné a eu besoin d'être infructueux,

Détail sur le serpent.

et d'ajouter aux connaissances humaines ;
par une expérience révoltante, un fait
dont on ignore la cause, mais qui mérite
d'occuper les naturalistes, et qui rendrait
douteuse et peu solide celle que l'on
donne de l'absence des vipères à l'île de
Malte, si elle n'était surnaturelle.

Le serpent le plus commun de la Martinique fait sa résidence ordinaire dans
les champs de cannes, où il trouve de
l'ombre et sa nourriture. Sa forme, évidée
du milieu de sa longueur à ses extrémi-
tés, répond assez à celle d'un fuseau : l'é-
vidure moins filée, qui commence beaucoup plus tard en allant à la tête, finit
brusquement, et forme à l'animal un cou
distinct, au bout duquel est fichée sa tête,
qui déborde le corps ; elle est large,
plate, triangulaire, et les angles en sont
arrondis ; sa mâchoire supérieure est armée, sur ses bords, de dents courbes ou
crochets qui ressemblent assez par leur
figure, mais plus encore par leur jeu, aux
griffes du chat ; leur racine est dans une
alvéole mollasse, qui paraît être le réservoir du suc des plantes vénéneuses : il y

acquiert une telle activité, que la tête de
cet animal, qu'on enfouit avec précaution
et profondément en terre, pour la dérober
aux animaux fouisseurs, en a empoisonné
après plusieurs années de sépulture.

Le serpent accroche, et ne mord point;
il lance ses crocs dans sa colère, et les re-
tire en déchirant : leur situation naturelle, surtout quand il dévore sa proie, et
qu'il est mort, est d'être retirée dans
l'alvéole ou sac qui leur sert de gaine, les
bouts seulement découverts et collés contre
le palais qui les sépare.

A leur racine commence un petit canal par où s'introduit le venin que laisse
échapper cette alvéole pressée par l'action
même du croc lorsqu'il pique.

Ce canal, recouvert dans la suite de la
convexité, comme pour conserver ce suc
mortel, et empêcher qu'il ne subisse quelque altération pendant son trajet, ou qu'il
ne se répande sur ses bords, commence à
reparaître en petite canelure sur la fin,
comme pour diminuer la matière, et rendre la pointe plus aiguë d'une dent creuse
et courbe qui insinue la mort dans la

plaie, et qui peut avoir un pouce de développement dans les sujets moyens.

· On guérit leur morsure, contre laquelle
quelques nègres emploient avec succès
des simples qu'ils n'ont jamais voulu connaître, peu sollicités sans doute par la
négligence des habitans, en scarifiant les
bords de la plaie souvent imperceptible,
qu'on baigne continuellement d'huile, et
sur laquelle on applique un topique de
thériaque délayé dans ce fluide. Ce spé-
cifique, qui, par sa vertu onctueuse,
amortit, comme tous les corps gras, l'activité du venin, a pu être employé d'après
les animaux à lard, comme le cochon, dont
la graisse sans doute le préserve des effets
de la matière aussi active de ces reptiles
qu'il mange; on avale aussi de tems en
tems de l'huile et de la thériaque. Trois
jours suffisent pour la guérison, entreprise
à la vérité subitement; mais le remède le
plus prompt, le plus sûr et le plus nouveau est l'eau de Luce, que tout habitant prudent porte avec soi : on en baigne
également la plaie qu'on scarifie, et on
en fait avaler des gouttes éteintes dans

l'eau, qui agissent sans doute comme dis-solvant.

La bouche du serpent, fendue jusqu'au cou, lui permet une telle distance des mâchoires, qu'un individu de grandeur moyenne embrasse le gras de jambe d'un homme. Cet animal, sur un terrein plat, saute un espace égal à sa longueur, et généralement la distance qu'il y a du nœud ou replis qu'il fait à sa queue est la mesure qu'il franchit en s'élançant ; son corps répand une odeur douce et fade ; le nègre, qui la sent parfaitement, ne lui cède en rien pour la finesse de la vue ; le serpent est presque toujours le premier aperçu, et coupé aussitôt avec le même coutelas qui moissonne la canne : sa mort ne retarde que d'un instant la coupe du roseau dont il était le gardien et le conservateur.

Le serpent *suppe* sa proie : son gosier est comme une filière, et un individu de six pieds de long, sur six pouces de circonférence, avale un rat ou une poule de treize à quatorze pouces de volume : l'animal, alors lourd et pesant, immobile et

Le serpent avale sa proie sans la mâcher, Il la suce sur, etc.

d'une forme hideuse, digère pendant huit
jours plus ou moins. (1) C'est sans doute
dans cette attitude, où il a l'air de réflé-
chir, qu'il fut aperçu lorsque de l'em-
blême de la finesse, dont le genre humain
fut la victime, il devint le symbole de la
prudence; mais c'est dans cette opération
qu'incapable d'aucun mouvement il est
assailli, et devient lui-même la proie des
fourmis.

Dans l'accouplement, où tous les êtres
paraissent animés d'une ame nouvelle, ses
yeux brillans et pleins de feu, et une agi-
lité de corps surprenante, annoncent plutôt un tourment qui le persécute qu'un
desir qui l'agite : des sifflemens horribles
et perçans, touchans sans doute pour sa
femelle, mais effrayans pour les hommes,
paraissent être plutôt le langage de la fureur que de l'amour. (2) Plus prompt et

---

(1) Hérodote dans cet espace trouve un effet
et une attention de la Providence, qui suspend
ainsi les armes d'un ennemi de l'homme.

(2) Hérodote, qui enveloppe souvent la vérité
du mensonge, a voulu sans doute nous donner

plus agile que cet insecte à qui la nature,
bizarrement prodigue, a donné mille pieds,
on le voit, par des circonvolutions mille
fois tracées en un instant, épuiser tous les
préliminaires du plaisir, et, par mille plis
et replis, employer tous les tours de souplesse de l'amant le plus ardent ou le plus
ingénieux. Un dard qui servit de modèle
aux flèches de l'amour et aux foudres de
Jupiter, rien moins que dangereux, comme
plusieurs l'ont cru, et qui n'est que l'ins-
trument d'un langage toujours bien compris, exprime par son mouvement, (1)
plus rapide que l'éclair, les progrès de son
desir. Cette forme rampante, qui le rend

une idée de cette violence, lorsqu'il dit, que lors
de l'émission de la semence, la femelle, dans ses
transports, presse si fort la tête du mâle qu'elle
tient dans sa bouche, qu'elle l'écrase presque
toujours.

(1) C'est cette rapidité de mouvemens dont il
lance ou darde sa langue qui a fait croire qu'il
en lançait trois à la fois, ou qu'elle était triangulaire, et qui l'a fait convertir par les peintres de
l'antiquité en un dard à trois pointes.

7

le plus vil et le plus méprisable de tous
les êtres, le rend le plus heureux dans
ses amours : le toucher, ce sens qui seul
établirait la prééminence de l'homme sur
les animaux, et dont le degré de finesse,
en établissant celui des sensations, fixe
aussi celui de la volupté, est exercé chez
le serpent avec une étendue qui doit lui
faire goûter dans la jouissance, par la facilité des embrassemens, des délices incon-
nues à tous les autres êtres. C'est dans l'u-
nion la plus étroite et la plus intime des
corps que les ames se confondent, et le
serpent entrelassé autour de sa femelle,
comme le lierre autour du chêne, paraît
encore jouir quand tous les autres ont
cessé. C'est cependant dans cet instant
heureux d'une union qui remplit le but
et le vœu de la nature que la fourmi
ose encore l'attaquer : ses défenses ne
peuvent rien contre un si petit animal ; il
succombe sous l'effort de la multitude.

Détail sur
es fourmis.
Des enfans au berceau, abandonnés
quelques heures, ont été dévorés par les
fourmis. La chirurgie a quelquefois recours à cet insecte dans des opérations

d'anatomie : le sujet exposé, peu de jours
après le squelette paraît. Les naturalistes
s'en servent avec succès pour les petits
individus, comme les insectes scarabées,
ou petits oiseaux, dont la forme et la robe
ne souffrent point d'altération : la fourmi
s'insinue jusque dans les plus petits sinus,
décharge les fibres les plus minces, et
mange tout ce qui pourrait tendre à la corruption.

La canne à sucre que cet insecte dévore
paraît, dans les premiers mois, promettre
une heureuse récolte ; mais on la voit subitement languir et dessécher : le roseau
devient noir. Un champ fourmillé présente l'image d'un champ désolé par le
feu.

Quelques quartiers de l'île, plus infes-
tés que d'autres, ont été obligés d'en abandonner la culture : ils y ont suppléé par
les cafiers ; mais la fourmi attaque aussi
l'arbuste dans son enfance. Le tems seul
a sans doute détruit ce fléau à la Barbade :
mais le procédé des colons de planter les
cannes à six pieds de distance, et de les
visiter souvent, a dû beaucoup y contri-

buer. Il est vrai que, pour ne pas perdre un terrein précieux, ils semaient dans
les intervalles du maïs ou bled d'Inde. Cette
introduction dans la culture en entraîna
une dans la nourriture des nègres : la
consommation du maïs faisait abroger l'u-
sage du magnioc.

Détail sur
le magnioc.
Cette dernière racine, pelée, grugée ou
rapée et exprimée, donne une eau blanche et froide (1) qui empoisonne subitement en agissant comme coagulant. Sa
chair, privée de son fluide mortel, (2) ré-

---

(1) Ce qu'il y a de singulier, c'est que cette racine, qui est presque à fleur de terre, est souvent
déterrée et mangée par les cochons et les bœufs,
qui n'en éprouvent aucun inconvénient. Il est re-
connu que cette racine mangée sans être pelée
n'empoisonne point, et il est étonnant que les Indiens n'en aient point cherché son contre-poison
dans sa peau : ils ont été long-tems à le découvrir
dans l'eau de mer.

(2) Cette eau dépose un marc qui, desséché,
donne une poussière extrêmement ténue, et d'une
blancheur éblouissante, dont on fait des gâteaux
et des espèces de biscuits; ou en fait aussi de la
poudre pour les cheveux, de l'amidon, et les pou-
les et les pigeons en sont très-friands.

duite en grumeaux, et étendue sur une
platine de fer chauffée par-dessous, achève
de perdre son humidité par l'action du
feu, et devient manducable sous la forme
de grumeaux secs, humectés avec de l'eau.
Les Indiens l'appellent alors farine et cassave lorsque sur la platine cette même
farine rassemblée et pétrie dans un cer-
ceau, y prend la forme d'une galette très-
mince et très-desséchée. La farine, au goût
des Indiens, est à la cassave, ce qu'est au
goût des Européens, le pain peu cuit et
abondant en mie au pain très-cuit et
abondant en croûte. Le procédé de cet
aliment ne dure qu'un instant ; sa nature,
primitivement froide qu'il conserve toujours, tempère l'ardeur du sang qu'al-
lume l'usage des viandes salées et les morues sèches, principaux alimens des nègres. Les blancs créoles en font aussi une
grande consommation, et la préfèrent souvent au pain.

Le pain lourd et pesant que donnait le
maïs, fait pour des estomacs vigoureux
ou accoutumés à son usage dès l'enfance,
échauffant, comme tous les farineux, ne

convint point aux nègres, et il fallut
l'abandonner.

Procédé in-
suffisant con-
tre les four-
mis. Le feu auquel on a sacrifié des champs
entiers de cannes ; l'eau qu'on a fait séjourner sur des terreins fourmillés, (1) le
poison qu'on y a semé, ont été jusqu'à
présent des procédés insuffisans contre la
multitude de cet insecte : le seul jusqu'ici
le-moins infructueux a été celui d'arra-
cher à chaque coupe les souches des cannes, et de remettre du nouveau plan, (2)
de faire des sarclages réitérés ; enfin,

---

(1) On a trouvé à un pied sous terre des cou-
ches d'œufs de fourmis de deux pouces d'épaisseur.

(2) La canne vient de bouture : elle fait une
souche qui reproduit la pousse d'après. Il y a des
terreins où on la laisse repousser deux ans de suite;
mais en général les pousses des racines ne valent
jamais et ne donnent si abondamment que la
canne plantée à neuf : l'aisance et la quantité de
nègres décident en général le colon à l'extraction
annuelle des racines et à la plantation nouvelle des
cannes. Cependant il y a des terreins gras et hu-
mides comme au Lamentin, quartier de la Martinique, où il y a des cannes de quarante ans qui
donnent le plus beau sucre et en abondance.

d'inquiéter et de fatiguer cette hydre qui paraît renaître de ses cendres.

Une chambre d'agriculture ensemble et de commerce, établie à la Martinique, s'occupe continuellement à modérer ses ravages : c'est à elle à proposer et entretenir dans toutes les académies de l'Europe des prix offerts pour les hommes heureux et estimables qui délivreront l'île du plus cruel de ses ennemis. Le procédé de les fatiguer est trop onéreux et ruineux ; il exige une augmentation de travail, un plus grand emploi de bras, et par conséquent une plus grande consommation de nègres.

CHAPITRE VIII.

Des Nègres.

Dissertation
sur les nègres CES hommes précieux, sans lesquels l'Amérique serait sans culture ; et aux bras desquels les nations de l'Europe doivent leur accroissement et leur puissance, doivent être aujourd'hui employés avec le plus de ménagement possible : ils sont devenus beaucoup plus rares, soit que la population et leur nombre se trouvent diminués en Afrique par l'extraction de soixante mille recrues que les Européens en exportent tous les ans, soit que ces hommes singuliers, négocians et marchandises tout ensemble, plus éclairés sur les besoins des Européens et sur leur utilité personnelle, se soient renchéris eux-mêmes. Ces hommes, aussi plus instruits sur le commerce qui a développé leurs facultés, et augmenté leurs besoins, sont devenus plus recherchés, plus difficiles sur les marchandises d'Eu-

rope, et ont augmenté leur valeur à un
point si exorbitant, qu'une tête, ou
pièce de nègre, comme s'expriment les
colons, qui valait, il y a trente ans, quatre cents livres, est aujourd'hui vendue
quinze cents livres, argent des îles.

Le déchet qu'éprouve l'armateur de
cette marchandise animée, pendant le trajet d'Afrique dans les Indes, et la perte
de plus d'un tiers qu'en essuie le colon,
est une consommation infructueuse qui en
diminue l'espèce et en augmente le prix.

La défection de ces malheureux doit
être bien moins attribuée aux affections
physiques du climat en Amérique (moins
chaud à point correspondant de douze degrés que celui d'Afrique) (1) qu'aux affections morales auxquelles ils paraissent
constamment livrées. Les femmes sont
moins affectées, aussi éloignées par leur
couleur des femmes d'Europe que l'ébène
l'est de l'ivoire, leur cœur fut jeté au
même moule ; volages et légères, leur
caractère tient de l'étourderie, et la légé-

_____

(1) *Recherches sur les Américains.*

reté paraît être un attribut commun aux
femmes de tout l'univers. Rien ne leur
paraît nouveau, parce que les objets les
attachent peu, et qu'elles ne font que les
effleurer. L'image du plaisir qu'on leur
offre et qu'où leur demande les a bientôt fixées, et des instances pressantes, qui
ne font jamais que précéder leurs faveurs,
sont les seules chaînes qu'elles aient à porter pendant le trajet : parées et revêtues
de la seule robe de la nature, on les voit
sur le tillac se livrer à une joie folle, chan-
ter, danser et caractériser chaque mouvement par un trait de volupté, ce symbole heureux des climats du soleil. Tandis
que les hommes, nus et enchaînés, plus
courbés encore sous le poids de leurs
idées et de leurs chagrins que sous celui
de leurs fers, relégués sous les ponts obs-
curs du vaisseau, tristes, graves et taci-
turnes, méditent profondément sur le
sort qu'ils ignorent, et regardent d'un
œil morne, et presque effrayant pour les
âmes susceptibles encore d'humanité, les
danses et les cris d'allégresse des femmes,
qui offrent le tableau le plus contrastant

du sanctuaire de la folie à côté du plus
noir et du plus rigoureux séminaire.

Le noviciat des esclaves arrivés sur l'ha- *Leur édu-*
bitation est ordinairement d'une année, *cation.*
pendant laquelle ils apprennent la langue
du pays et l'usage des instrumens du
travail. Les hommes toujours sérieux
paraissent bien moins étonnés de ce qu'ils
voient et de ce qu'ils entendent que li-
vrés à des idées mélancoliques. On craint
les réflexions des nègres au-dessus de
vingt ans : l'habitude à cet âge a déjà poussé
des racines ; c'est celui des passions nais-
santes, et surtout celui de l'amour dont
on redoute les suites. On craint des incli-
nations qui les rappèlent à leur patrie : ils
ignorent le grand remède du tems qu'indique seulement la raison, et ne connaissent que la mort, qui les console d'une
privation déchirante.

On craint aussi un point de religion de *Crainte des*
quelques nations, qui leur promet après *colons sur*
leurs escla-
la mort la vue de leur pays. On sent que *ves.*
le motif le moins pressant doit les déterminer au choix d'une ressource et d'une
espérance indiquée par la divinité. Les

nègres *Ibo* se pendent plusieurs au même arbre, croyant sans doute faire ensemble le voyage : ce genre de mort, qui est le seul qu'ils emploient, paraît être aussi un point de leur croyance.

. A toutes ces craintes et ces désastres qui suspendent et ébranlent la fortune des colons, il est un accident qui peut les ruiner dans un instant ; c'est celui des empoisonnemens. On ne conçoit pas sans étonnement qu'un maître puisse reposer sans frayeur au milieu de trois cents esclaves auxquels souvent il fait supporter un joug dur et rigoureux : ils portent leurs coups vengeurs sur eux-mêmes, sur leurs camarades, sur les bœufs ou mulets au service de l'habitation qu'ils empoisonnent, et sur les plantes qu'ils brûlent. On a découvert quelquefois le traître par des secrets grossiers que permettait d'employer leur superstition ; mais jamais les moyens et les ingrédiens dont ils se servent pour empoisonner. Ce malheur, attaché à la condition des colons, est d'autant plus grand, qu'il paraît sans espoir, en ce que des habitans humains et philosophes,

qui s'étudiaient à faire le bonheur de leurs
esclaves, l'ont également éprouvé.

On est étonné que dans un aussi grand
continent que celui de l'Amérique, on
soit obligé d'avoir recours aux recrues
d'Afrique. De tous les êtres (1) généra-
teurs, soit sauvages ou dans l'état de
société, le nègre esclave est le seul qui ne
se repeuple pas. Les uns ont attribué cette
exception et cette marche étrangère de la
nature aux empoisonnemens, qui en di-
minuent la quantité; les autres, plus con-
séquens, au chagrin de l'esclavage, qui,
quand il ne conduit pas les nègres à la
mort, leur ôte la faculté et la volonté de
se reproduire. Un des principaux obstacles à la population pourrait consister
dans l'épuisement de leurs forces : ce n'est
pas qu'ils n'engendrent beaucoup, mais
les enfans meurent : il est vrai que la chaleur y contribue beaucoup ; elle aide les
germes à se développer, mais elle accélère
la destruction des êtres aussitôt qu'ils ont

---

(1) Excepté l'éléphant qui ne s'accouple pas
dans l'état de ....

vie , en prématurant leur croissance. Le
mal de mâchoire en est la cause princi-
pale : ce mal est, comme dit l'abbé Raynal , un effet de la fumée et de l'air frais
du matin et du soir qui frappe l'enfant.
C'est le tétanos, ou maladie de nerfs, qui ,
se développant sur une partie déjà affai-
blie par la dentition , ôte au nourrisson
la faculté de prendre le sein de sa nour-
rice ; et comme la faim l'a plutôt détruit
que le mal n'a eu le tems de faire des progrès , les colons ont attribué très-long-
tems cet accident à des malfaiteurs ou aux
mères qui cherchaient à détruire leur fruit
en leur démontant la mâchoire.

Relâchement
sur la conser-
vation des nè-
gres.

Il ne peut y avoir que la dureté ou l'avidité qui aveugle souvent le colon sur ses
intérêts , qui puisse lui fermer les yeux
sur les moyens de réparer la masse des
inconvéniens qu'il accumule par ses er-
reurs; inconvéniens d'autant plus faciles à
parer, que les moyens sont dans son cœur.
Les femmes travaillent quelquefois jusqu'à
la veille de l'accouchement. Les cases des
nègres mal fermées et mal jointes laiss-
sant pénétrer l'air frais du matin et du

soir, qui enrhume même les grandes personnes, le feu qu'on y fait pour se ré-
chauffer dans celles qui sont situées sur
des points élevés de l'île, et dans toutes
pour y faire cuire les alimens, produit une
fumée qui, n'ayant aucune issue prati-
quée, filtre avec beaucoup de peine à
travers les fentes et les joints, et se répand dans l'intérieur de la chambre. Cette
fumée est peut-être encore plus pernicieuse
que l'air à l'enfant que la mère porte avec
elle au travail toujours trop tôt. Déposé à
terre sur une natte pour le préserver de
l'humidité, elle lui offre un sein maigre et
décharné, quelquefois vide de lait : celui
que les transpirations ne lui ont pas enlevés, est appauvri par le travail.

De légères attentions que dicte l'humanité suffisent pour éviter des accidens
funestes qui rendent criminel le colon
qui ne les prévient pas : les mères, exemp-
tes de travail au sept ou huitième mois de
grossesse, (leur nourriture augmentée selon leurs besoins, les alimens choisis selon
la délicatesse de leur tempérament) re-
cueillies dans un lieu particulier, frais,

Soins des esclaves que dictent l'humanité et l'intérêt, deux puissans mobiles.

sain et propre, y déposeraient leurs fruits:
traitées avec les mêmes ménagemens et les
mêmes soins pendant un mois ou deux
après l'accouchement, les leurs redouble-
raient pour un être auquel elles devraient
un adoucissement à leur servitude. Le
doux plaisir d'être mère est pour elles un
tourment cruel, et la considération dont
elles jouiraient en faveur de leurs enfans ne
les dédommagera jamais de la loi, malheu-
reusement nécessaire et conséquente, d'après
le système général adopté à leur égard, qui
leur en ôte la propriété. Renvoyées au travail avec précaution, la générosité de leur
maître le leur ferait trouver moins pénible, et les y retiendrait. La tendresse ma-
ternelle pourrait seule les rappeler aux
cris de leur enfant, qu'il ne leur serait
pas permis de porter aux champs avec elle
avant un certain degré déterminé de croissance.

Tous les auteurs de relations sur les
nègres crient vengeance contre la dureté
des Européens pour cette malheureuse
race. Il est bien étonnant que des hommes se soient accordés à traiter avec la

même barbarie d'autres hommes leurs
semblables! Les nègres sont des hommes;
mais plusieurs ont la barbarie ou la bizar-
rerie de ne le croire pas : ils ne sont point
insensibles aux égards et aux récompenses ; un certain nombre d'enfans mériterait aux mères l'affranchissement, ou une
volonté libre de travailler. Mais quand les
sentimens d'humanité sont étouffés chez le
maître, ceux de la nature peuvent bien
l'être chez un esclave.

Outre ces causes exposées que fournissent les mères à l'extinction de la race,
que peut-on attendre des pères, (comme
on l'a déjà fait entrevoir) dont les travaux et les fatigues ont dû diminuer et
appauvrir toutes les substances ? L'ennui,
l'habitude, plutôt que l'amour, un tempérament plus tiède qu'ardent, malgré les
persécutions continuelles de la chaleur,
les attire bien plus auprès de leurs femmes
que le besoin et l'envie de se reproduire.

Ces remèdes aux effets funestes, dont
on vient d'exposer les causes, paraissent
peu occuper les colons : ils se plaignent
du malheur de leur condition, sans cher-

8

cher à y remédier. La vue de quelques-
uns de leurs concitoyens pleins de connaissances et d'humanité, mais que l'on
peut soupçonner de nonchalance (défaut
assez général des philosophes) sujets comme
eux à tous ces accidens, a éteint chez les
uns cette émulation, et ôté aux autres ce
courage et cette fermeté qu'exigent les recherches ; et le petit nombre d'entre eux,
qui ont trouvé les moyens de se repeu-
pler de nègres, et de se passer des recrues
d'Afrique, ont passé pour moins habiles
qu'heureux.

Si les hommes ne peuvent s'empêcher
d'être criminels envers leurs frères, s'il
est impossible de briser le joug des nègres, faut-il qu'ils se rendent coupables
d'injustice en fermant les yeux sur les
moyens de l'alléger ? Les esclaves offrent
eux-mêmes ces moyens faciles, mais que
la dureté ou l'ignorance font traiter de
frivoles : ils présentent des fleurs dont on
pourrait couvrir leurs chaînes.

L'amour et la musique sont leurs passions dominantes ; ce sont celles de tous les
sauvages : elles sont portées chez ces en-

fans de la nature à un degré duquel elles
n'ont jamais approché chez les hommes
en société, trop distraits sans doute par
une infinité d'objets qui les entourent,
pour ne point laisser échapper ces nuances fines et imperceptibles qui n'agissent
que sur ces ressorts infiniment déliés dont
paraît être entièrement organisé le nègre.
Il n'a d'autre faculté que celle de sentir :
le son est comme une étincelle qui va
l'embrâser. A peine l'européen commence
à se mouvoir, que le nègre est déjà dans
le transport : un pot de terre frappé d'une
baguette ébranle chez lui tous les ressorts
de la sensibilité ; ses gestes sont ceux du
plaisir, ses mouvemens ceux de la volupté, ses cris, qui tiennent par intervalle
aux gémissemens; ce langage des ames
sensibles et toujours à l'impatience, suivent la mesure qui lui est imprimée par
des acclamations cadencées et le battement
des pieds et des mains d'une foule de
spectateurs rangés autour de lui en cercle.
Ces chœurs bruyans paraissent l'animer,
et sont eux-mêmes agités par le son de
quelque grelot dont le danseur se charge.

Leur chant monotone , qui ressemble
plutôt à des cris entrecoupés , et qui n'a
rien d'intéressant que sa mesure , inspire
à l'ame une douce mélancolie dont la leur
paraît fortement oppressée. Elle donne à
leurs concerts cette sombre et presque lu-
gubre expression dont s'enveloppe le langage des ames tendres , et qui paraît
tenir autant à leur sensibilité qu'à l'esclavage.

Leur musique , composée d'une note et
d'un soupir , produit un mélange de sons
traînans et du silence le plus profond , qui
rappelle le calme de là nuit , interrompu
par le concert des crapauds , dont le cri
est doux et plaintif. Leur harmonie a beaucoup de rapport avec celle de ce peuple
coassant et nocturne , surtout quant à la
monotonie , et fait éprouver ce tressaille-
ment suivi de la langueur.

Leur danse est le contraste de leur chant:
celui-ci est triste et lent ; l'autre est célère
et fougueuse : l'œil peut à peine se fixer
sur mille attitudes lubriques , rapides et
toujours variées. Le nègre exprime par
mille tours de souplesse les différens ca-

ractères de sa passion : d'un dédain toujours simulé il passe à la soumission,
ainsi que de la fureur à la tendresse, avec
une volubilité incroyable ; mais toutes les
nuances sont aperçues, parce qu'elles sont
vivement senties : ses yeux ardens, sont
toujours fixés sur sa danseuse, dont les
mouvemens, encore plus lascifs que les
regards, n'ôtent rien de cet air intéressant de pudeur et d'innocence que les
femmes ont le talent de conserver, même
dans ces instans où elles sont entièrement
subordonnées à la volupté. Prêtresses habiles de cette déesse, elles savent envelop-
per leurs sacrifices du voile de la pudeur :
c'est celui des mystères et des secrets de
leur religion, qui suspend l'étonnement
des hommes, attire leur vénération, ré-
prime leur curiosité pour l'exciter, exige
de la bonne foi, de la confiance, de la
soumission, et surtout de l'amour. A'travers la timidité craintive de la danseuse
esclave s'élancent des sons étouffés qui
sont comme des étincelles du feu qui la
dévore, et qu'elle fait rejaillir sur son
danseur. Les cris de l'homme paraissent

lui être arrachés par la violence de ses
desirs, et tous deux font éclater la plus
vive impatience de goûter un plaisir qu'ils
inspirent à tous les spectateurs.

Apprenez à connaître la passion d'un
homme, et vous serez son maître : nulle
action ne lui paraîtra rebutante si par
elle il peut la satisfaire. L'espoir d'un
plaisir innocent et facile appellerait avec
empressement l'esclave à son atelier : que
la danse, ainsi que les alimens, toujours
trop restreints, soient le prix de son travail : si la nature rétablit ses forces, l'espoir d'un amusement lui allégera ses peines, et le plaisir les lui fera oublier.

Entièrement asservis à ces deux passions de la musique et de l'amour, revêtues chez les nègres du caractère de l'em-
portement, cette dernière est celle à laquelle on leur permet le plus de se livrer,
parce qu'alors la tyrannie le cède à l'avidité, et que l'intérêt y trouve son compte.
Libres dans leurs choix et dans leurs liens,
leur compagne est celle qu'ils aiment, et
c'est dans la plus humble des chaumières
qu'au retour du travail la nature reprend

ses droits. On ne peut y voir sans attendrissement le soin des mères pour des enfans qui ne leur appartiennent pas. C'est dans ce sombre sanctuaire que l'amour vient enflammer les deux époux des mêmes feux dont il brûle les rois et les esclaves : ils y rappellent un reste de forces épuisées par les sueurs et par les larmes, pour se livrer à une union que la nature sanctifie, qu'une religion qu'on leur professe, et qu'ils ne connaissent pas, leur défendrait, mais que leurs tyrans autorisent, parce que le cri de l'intérêt étouffe toutes les voix. Libres alors, parce que le sommeil enchaîne tous les hommes, ils oublient des fers qu'une lumière funeste vient leur rappeler.

A l'exemple des maisons religieuses, (1)

---

(1) Il paraît que le gouvernement avait eu, en 1773, le projet de changer l'ordre hiérarchique dans ses colonies, et de le composer sur le même modèle que celui de Lubeck; c'est-à-dire d'y mettre des prêtres séculiers, subordonnés à un évêque résident, au lieu des moines qui y sont.

Ce projet ne pourrait avoir que deux motifs:

toujours enveloppées du voile de la dé-
cence, aux yeux desquelles tout ce qui

le premier, la perfection du système qui paraît
général en Europe de l'extinction totale des moines, dont il devait être regardé comme un des
chaînons. Privés, en effet, des ressources du fa-
natisme et de la superstition, les moines les ont
remplacés par l'or qui, dans les siècles de fer, a
tant de pouvoir; et comme ils se soutiennent entr'eux politiquement, quoiqu'ils se détestent cor-
dialement, on peut regarder les maisons missionnaires, jacobins, carmes, capucins, etc., par les
immenses possessions (a) qu'ils ont aux colonies,
comme la base et le plus ferme appui d'un colosse

(a) Les jacobins, carmes, etc., possèdent, par permission du gouvernement, des fonds de terre; mais les capucins, rigides observateurs de la loi de S. François, esclaves
surtout du vœu de pauvreté, ne possèdent rien au soleil :
cependant aux îles ils vont chaussés, et ne mendient point;
ils se contentent du petit trafic des nègres au loyer; et cent
nègres à 50 liv. par mois de loyer font 60,000 liv. de rente,
que se contentent, par humilité, de jouir à l'ombre, et avec
le plaisir du mystère, les capucins de la Martinique, sans
y comprendre encore les cures qu'ils exercent dans l'île di-
visée entr'eux et les jacobins. En mettant les nègres à 50 liv.,
on cave au plus bas; c'est le prix ordinaire d'un nègre sans
talent, que l'on fait matelot pour ramer: car les nègres ouvriers [orient] jusqu'à quatre-vingts livres.

n'est point rigoureux est une licence , quelques colons, craignant les reproches de leur

mâle ensemble et femelle (*a*) qui surcharge d'un poids inutile les états si souvent avertis et conseillés de nos jours de s'en débarrasser. Si les jésuites, qu'ils ont laissés extirper (parce qu'il faut savoir se priver d'un membre gangrené pour sauver le reste du corps) n'avaient eu que des ames d'Europe à diriger, ils ne seraient point parvenus à ce degré de puissance qu'ils ne devaient en France qu'aux riches habitations de la Guadeloupe, de la Martinique, de Saint-Domingue, de Cayenne, du Canada, etc.; et en Espagne qu'au Paragay dont ils étaient rois : le royaume entier était l'habitation des révérends pères.

Le second motif du projet, qui pourrait n'être qu'un prétexte du premier, pourrait être fondé sur le scandale qu'ont causé, par leur conduite, quelques moines missionnaires, et sur ce peu de majesté et d'extérieur auguste, si nécessaires à la

(*a*) L'on ne fait ici qu'un bloc des moines et des religieuses, qui, comme des criminels d'état, ne voient le jour qu'à travers des grilles. On pardonnera cette comparaison à un militaire. Les moines sont comme les embaucheurs qui fournissent de recrues ces asiles de remords et de larmes ; mais de tous les tems l'instinct des loups fut de chercher des agneaux.

conscience, n'ont vu dans la liberté d'un
changement que l'image de la débauche,

religion, surtout dans un pays où elle est prati-
quée et suivie avec beaucoup de restriction. Les
moines, à la vérité, ont pour coutume de faire
passer en mission aux colonies ce qu'on appellerait, dans des états moins respectables, leurs mauvais sujets. On pourrait trouver à reprendre dans
cette conduite, si la canonisation, dont les jésuites ont honoré plusieurs de leurs émigrans, ne
la mettait à l'abri de la censure. Il est vrai
qu'en cela les moines suivent le système du gouvernement, qui a toujours été d'envoyer dans ses
colonies le rebut de ses citoyens : (a) on n'a jamais
vu que ce fût la méthode des anciens. Ces enlè-
vemens publics de filles de mauvaise vie offrent
quelques contradictions et quelque fausseté dans
les combinaisons, en ce que c'est dégoûter les hon-
nêtes gens de se transporter dans un établissement
que l'on veut protéger. Ce procédé du gouvernement est celui d'un homme dérangé qui fait des

(a) M. d'Enneri paraissait déroger à ce système, en me-
naçant les mauvais sujets de les faire repasser en France. Il
serait indiscret de punir les européens trop exemplaire-
ment devant les nègres, auxquels on doit inspirer la plus
grande vénération pour tout ce qui est revêtu d'un masque
blanc.

et l'ont effacée par une union légitime ,
en engageant leurs esclaves au mariage par

affaires , et qui , empruntant de toutes mains , paie
de gros intérêts : il prend sans choix des émigrans
allemands , etc. , que la débauche et la dissolution
rendent inutiles , ou que la mort surprend dans
cette habitude que le tems seul pouvait détruire ,
mais que préviennent trop souvent les fausses combinaisons d'une gestion où l'avidité s'est quelque
fois sauvée au travers de la confusion. Un petit
nombre d'hommes choisis, renvoyés chaque année
à Cayenne, depuis 1763, sous une administration
simple et sage , et surtout sans confusion , donnerait aujourd'hui, en 1777, une colonie très-floris-
sante.

On peut ajouter à ces trois causes de l'avorte-
ment du projet le crédit des moines, l'impuissance du clergé de France à fournir des sujets, et
le peu d'empressement de ces derniers à passer
dans un pays décrié, (où cependant, comme à la
Martinique, les moindres cures valent plus de
mille écus, où celle de Saint-Pierre vaut vingt
mille livres) opposition qu'il aura trouvée de la
part du gouvernement particulier des colonies: le
gouverneur et l'intendant, qui partagent à eux seuls
toute l'autorité, n'auront vu dans la personne d'un
évèque qu'un troisième chef, un surveillant, et

des récompenses. Mais le mariage, considéré politiquement, est inutile : l'état des
enfans est assuré ; ils sont esclaves , et appartiennent au maître. Et considéré reli-
gieusement , il serait peut-être imprudent,
et deviendrait sacrilège.

L'hommage public et sacré qu'on fait
à l'autel de sa liberté est un sacrifice cher
et généreux par lequel deux époux se donnent mutuellement des preuves qu'il ne
suffit pas seulement d'être tendre pour
sentir. L'Amour, qui préside à cette céré-

---

peut-être un prépondérant dans les affaires par
son rang et ses richesses, au lieu que les moines
subordonnés, quant au spirituel, à un de leurs
égaux, auquel on donne le brevet de vicaire-gé-
néral ; et quant au temporel, particulièrement à
l'intendant, réduits à un petit nombre précis pour
le culte divin, dispersés dans la colonie où ils
exercent des cures, offrent à la politique, qui ne
doit rien dédaigner, et à qui rien ne doit être indifférent , ces secours que les connaissances qu'ils
sont à portée de prendre leur permettent de donner. Utiles, par-là, au gouvernement dont ils ont
souvent besoin de l'indulgence, et dont ils dépen-
dent, ils lui sont parfaitement soumis et dévoués.

monie sainte, sourit à un serment qu'il
croit être indiscret; mais que son sourire
devient forcé lorsque enchaîné lui-même
au sortir du sanctuaire il ne sert plus
que d'ornement au triomphe de l'amitié !
Une abjuration mutuelle de ses volontés, un
échange de ses desirs, une entière abnéga-
tion, un abandon de soi-même sont des
nuances trop fines d'un sentiment que
tous les yeux ne peuvent saisir. Le nègre
est trop peu éclairé pour apercevoir dans
ces liens sacrés une nouvelle et douce obligation, et même un motif pressant de
s'aimer; son ignorance ne lui montrerait
que la contrainte et un motif de se haïr.
Il est trop près de la nature pour connaître et suivre les lois de la constance, dont
les mœurs et la raison sont les seules inter-
prètes : les chaînes qui lient ses bras seraient insuffisantes pour son cœur; il ne
pourrait être heureux que par un crime,
et à coup sûr il serait criminel à cette
époque remarquable. L'intérêt et l'humanité, éternellement rivaux, se trouvent
d'accord pour combattre la loi qui le for-
cerait à toute autre impulsion que celle de
son cœur et de la nature.

CHAPITRE IX.

*De la culture des terres aux colonies,
des obstacles que présente le commerce
à une nouvelle méthode, et plaintes
réciproques des négocians et des colons.*

De la cul-
ture.
LES difficultés du service et de la manutention des nègres, qui attaquent en
même tems l'intérêt et la conscience
des colons, devraient les éclairer sur les
moyens qui suppléeraient à la nécessité
d'un aussi grand nombre. Ce préjugé
bizarre, enfant du génie qui le créa, et
de l'ignorance qui l'allaita, les aveuglera
sans doute long-tems sur des procédés faciles, et le petit nombre d'exemples que
quelques-uns d'eux ont déjà mis sous les
yeux. Plusieurs croyaient et croient encore que leurs plantations demandaient à
la terre une façon que les bras des nègres
pouvaient seuls lui donner. L'expérience

a cependant démontré que la canne poussait également dans une terre sillonnée, comme dans des trous faits avec la bêche : le fer d'une charrue ferait l'ouvrage d'un grand nombre d'esclaves employés alors aux manufactures, aux récoltes, aux sarclages, aux terreins montueux et trop inégaux ; on abandonnerait aux animaux tout le terrein plat qui pourrait leur convenir.

On eut encore besoin de l'expérience pour ôter un bandeau qu'imprimait fortement le préjugé : on craignait que le fumier nuisît à la canne, et que le sucre n'en contractât un mauvais goût. D'ailleurs, disait-on, nos terres portent depuis cent ans sans fumier : des terreins neufs et des plantations comme la canne, qui fume son champ elle-même par le grand nombre de ses feuilles, ont dû conserver un engrais suffisant pendant un grand nombre d'années ; et l'on ne fut persuadé que long-tems après qu'il fallait aider la nature.

L'expérience instruit et éclaire les hommes, mais ne les décide pas : la domina-

tion impérieuse de l'habitude , et celle de
la nonchalance , peut-être encore plus
invincible , à laquelle le climat paraît
avoir soumis les habitans des pays chauds,
s'oppose à toute innovation. La difficulté
d'avoir des laboureurs , les gages consi-
dérables qu'ils exigent font rejeter une
nouvelle méthode , d'ailleurs improuvée
du commerce, que verrait par-là tomber
une de ses branches les plus riches , et
dont la chûte ébranlerait le corps entier ,
en diminuant les fournitures de viandes
salées , des morues , des marchandises sèches, et pour la consommation à la Martinique de plus de quatre - vingt mille
nègres , qui seraient dès-lors réduits peut-
être à la moitié , et plus ou moins dans
les autres colonies , en proportion de la
quantité de terrein plat et inégal.

Le commerce , qui , comme on voit ,
trouve un avantage à ne pas laisser intro-
duire cette nouveauté , en a même le pouvoir. Ses agens d'Amérique et d'Europe
sont devenus si gros créanciers par les
avances qu'ils ont faites aux colons , que
ceux-ci ne sont plus que les géreurs de leurs

habitations, par conséquent dans le cas de
recevoir la loi sur leur gestion : le fonds ne
leur appartient plus. Il est vrai qu'ils ne
peuvent être dépossédés que difficilement.
Aussi règne-t-il une méfiance nuisible entre
les colons et les négocians : ceux-ci voient
avec regret les dépenses exorbitantes des
premiers ; mais ils sont peu éclairés sur
leurs intérêts : que feraient-ils de leurs
fonds ? Placés aussi avantageusement qu'ils
peuvent l'être, ils ne doivent point désirer
d'être remboursés : ils éprouvent quelquefois, à la vérité, du retard sur la percep-
tion des revenus, en ce que le colon trouve
des moyens de soustraire ses denrées à
leur vigilance, et qu'ils le voient jouir d'un
bien qui leur appartient.

Aux colonies le nègre cultivateur (dif-
férent du nègre domestique) est au colon
ce qu'en France la charrue est au labou-
reur ; il ne peut être saisi pour l'acquitte-
ment des dettes. Le négociant se plaint
d'une forme trop favorable au débiteur,
qui le met à l'abri des poursuites de son
créancier ; mais si elle favorisait trop ce
dernier, l'habitant serait bientôt dépouillé

de son habitation. Si le négociant, devenu
alors propriétaire, vend, l'acheteur ne
paiera que sur les revenus. (On ne connaît
point d'autre manière d'acheter aux colonies.) Il ne sera jamais que son gércur.
Ainsi, le procédé exercé sur celui qu'il a
dépouillé devient infructueux, et par
cela même injuste, en ce qu'il est l'ins-
trument de sa fortune. S'il y met un éco-
nome, il n'aura plus à fournir les grosses
et somptueuses dépenses qu'un propriétaire doit à lui-même et à son état. Saint-
Domingue en fournit un exemple : tous les
propriétaires, gros terriens, et jouissant
de gros revenus, demeurent en France,
et n'ont que des économes sur leurs habitations. C'est un vice de cette colonie qui
l'empêche d'être aussi florissante qu'elle
pourrait l'être, et qui, s'il était introduit
à la Martinique, porterait une atteinte au
commerce de l'île par une diminution de
consommation, et par conséquent à sa
splendeur.

Le gouvernement n'y trouverait pas
moins un désavantage, en ce que quelle
confiance pourrait-il avoir en des hommes

à gages dans les momens où la colonie
serait attaquée par l'ennemi? Quelle fidélité pourrait-il espérer d'une classe de citoyens, que la gloire devrait peu toucher,
et dont l'état s'opposerait aux grades et
aux grâces honorifiques, seules récompenses que le souverain puisse conférer
aux habitans déjà opulens, lorsqu'ils ont
défendu leur colonie avec valeur.

Le seul avantage qu'il y trouverait serait une augmentation de douze esclaves
exempts de capitation, faveur dont jouis-
sent, par un privilège attaché à la noblesse,
chaque personne des deux sexes établie ou
à leur majorité : (1) mais cet avantage est

---

(1) Pour ajouter au grand chapitre des incon-
séquences, on fera observer à ce sujet que le législateur, prenant dans son vrai sens le mariage
qui identifie les deux époux, ne les a vraiment
fait jouir que des droits d'un seul. Le veuf reprend
les siens, à la vérité; mais la veuve n'en conserve
que la moitié, comme si l'autre moitié d'elle-
même était éteinte, tandis que dans le célibat,
pour accompagner l'inconséquence d'une contra-
diction frappante, elle jouissait pleinement de

trop faible en raison de la grandeur de l'inconvénient, et l'on peut conclure que le gouvernement et le commerce sont également intéressés à entretenir, par des rapports d'intérêts, une liaison intime entre le négociant et l'habitant. (On pourrait même appliquer à ce sujet cette sentence romaine : *ex privatis odiis respublica crescit.*) Il doit pour cela balancer le pouvoir du premier, et la résistance du second, par des formalités respectées de justice. Le négociant y trouvera un plus grand débouché de ses denrées, et une augmentation de ses capitaux; et l'habitant, intéressé à se liquider ou à diminuer ses dettes, s'il ne peut se résoudre à une économie ou une restriction dans ses dépenses, qui serait nuisible à son créancier, épuisera ses connaissances et tous les secrets de l'industrie à simplifier la culture de ses terres, et à en tirer le meilleur parti.

---

l'exemption. Ce législateur, sans doute, devait être meilleur traitant que père de famille, et devait mieux donner un projet de finance qu'un projet de population.

Le commerce de France surtout aurait d'autant plus de tort de s'opposer à une méthode d'autant moins frayeuse de culture, qu'elle lui donnerait les productions des colonies à meilleur marché, et qu'elle diminuerait les consommations, que les Anglais fournissent à son détriment à une grande partie des colonies françaises. D'ailleurs, l'avantage des empires qui reçoivent leur splendeur de l'extension de leur commerce, et celui du commerce même, doivent le céder aux droits de l'humanité : ce sont les premiers de tous. Elle doit diriger, et fixer sur une méthode qui sera par la suite avantageuse, l'attention du gouvernement, qui doit faciliter l'envoi et protéger la résidence des laboureurs habiles d'Europe; et, secondant les habitans qui voudraient se soumettre à l'expérience, y incitant les autres, et même les y obligeant, il ne sera jamais blâmable de forcer les colons sur leurs intérêts.

De vastes terreins neufs et fertiles au milieu de la Martinique, impraticables pour former des habitations à cause de leur éloignement de la mer, et des préci-

Procédé utile et particulier à la Martinique.

pices qu'il faut traverser pour y arriver,
offrent des herbes en abondance. C'est
dans ces emplacemens, qu'une pépinière
d'animaux agricoles, créoles et acclimatés,
auraient bientôt fait cesser l'importation
des bœufs de la nouvelle Angleterre, de
ses chevaux et de ceux de la côte d'Espagne.
La Martinique renfermerait ainsi dans son
sein, sinon une quantité suffisante, du
moins une assez considérable d'instrumens
agricoles qui, employés par des mains habiles, économiseraient les nègres, les sou-
lageraient dans leurs travaux, et ménage-
raient des têtes précieuses. Ces pâturages
mis en valeur enleveraient à l'Angleterre
pour près de quatre millions de bœuf salé,
de beurre et de chandelle que la France tire
d'Irlande pour fournir cette île. L'argument
que tire l'auteur des Intérêts de l'Europe
pour prouver qu'il vaudrait mieux que la
France trouvât une pareille consommation
à Saint-Domingue, dût-elle la tirer d'Angleterre; (en ce que, dit-il, les herbages
y occupent un terrein qui pourrait pro-
duire des denrées plus chères et précieuses) cet argument, dis-je; devient

nul pour la Martinique, où le terrein pro-
posé est impraticable à tout autre objet.
La France, enlevant à sa rivale des droits
usurpés sur elle, diminuerait ce commerce
si pénible à l'industrie et à l'humanité,
que Louis XIII ne permit que pour l'établissement du christianisme, et qui inter-
dira toujours les moyens et les volontés
de civiliser l'Afrique, seul motif qui puisse
excuser le crime des conquêtes.

La culture des terres, partagée entre des
bêtes et des hommes, en diminuant la quantité de ces derniers, diminuerait une consommation qui, comme on l'a dit plus haut,
pourrait exciter les murmures des négocians de la métropole. Ils se sont déjà
plaints souvent qu'une partie des denrées
de la Martinique n'abordaient pas jusqu'à
leurs ports, et qu'elles passaient d'emblée
à l'étranger : ils plaidaient en même tems
la cause du prince, dont les douanes étaient
moins nourries ; mais leurs plaintes étaient
injustes, en ce qu'elles portaient sur une
préférence gratuite que les habitans donnaient à l'étranger : elle était dictée par la
nécessité. Toutes les lois viennent échouer

contre un empire aussi absolu : aucun négrier de France n'arrive à la Martinique,
soit que ces négocians, resserrés dans le
commerce d'Afrique par la seule possession de Gorée qui lui est restée, ne puis-
sent pas fournir toutes ces colonies ; soit
que le crédit qu'on leur demande les épouvante ; (1) ils passent tous à Saint-Domingue, et les Anglais sont en possession, à
la vérité, de fournir de nègres toutes les
îles du vent.

_____

(1) Voilà un des effets de cette méfiance qui
règne entre les colons et les négocians. Les habitans de la Martinique sont presque tous obérés et
débiteurs. L'impossibilité ou les difficultés qu'ont
les négocians qui font la traite des nègres de se
faire payer en recourant à la loi juste qui fait exé-
cuter tout débiteur, les épouvante sur le crédit et
sur la livraison des nègres qu'ils portent ailleurs,
à moins que, par une politique rafinée, il n'y ait
des articles secrets dans le traité de paix de 1763,
par lesquels les Anglais fourniraient les îles du
vent, sous, cependant, le voile décent de l'interlope que le gouvernement particulier des colonies
tolère par une nécessité qui paraît, et qui, en effet, forcée, mais qui peut être volontaire et con-
venue.

Il est une maxime de commerce que
la pluralité des choses vendues les tient à
bas prix, et pour obtenir une diminution sur ces cargaisons d'africains, les
habitans prennent aussi des farines de
Philadelphie, qui surpassent par leur blancheur celles de Moissac, mais plus sèches,
moins grasses et moins onctueuses; des
bœufs salés et des morues que les Anglais
leur portent ou leur font passer par la voie
de l'interlope. On sent que les denrées
que le colon peut seul donner en échange
sont en trop grande quantité pour n'avoir
pas éclairé les négocians sur le tort que
fait au commerce de France une pareille
diversion.

Les habitans de la Martinique ne deman-
deraient pas mieux que de recevoir leurs
consommations de la métropole, dussent-
ils les payer plus chers : ils n'auraient point
à supporter les hauteurs d'une nation que
le commerce rend arrogante, tandis qu'il
entretient chez les autres cette égalité qui
réunit les hommes. Naturellement fière et
impérieuse, elle se prévaut de leurs besoins,

en leur imposant des lois rigoureuses sur
la forme des ventes et des achats.

Une cargaison de nègres arrive à la Dominique ; (que sa situation entre la Guadeloupe et la Martinique a rendue l'en-
trepôt des îles du vent) ou en fait des lots
de dix ou de vingt, plus ou moins, et on
les met à l'encan. L'examen n'en est pas
permis. Cette manière commode et lucra-
tive pour le vendeur, toute aveugle qu'elle
est pour l'acheteur qui a encore à essuyer
les difficultés périlleuses de la contrebande
pour parvenir sur son habitation, est encore plus sûre et moins coûteuse que la
méthode de les attendre dans l'île, et de
les recevoir du navigateur anglais, qui se
fait payer chèrement les risques de l'interlope, et qui peut donner impunément
les plus mauvais, en profitant des difficultés et même de l'impossibilité où est, par
les mêmes risques, l'acheteur de les lui
renvoyer après une épreuve nécessaire de
quelques jours.

Cette loi dure, cette incertitude dans les
achats ne sont pas les seuls motifs qui en-
gageraient les habitans à préférer des né-

griers français : ils ont taxé les Anglais de
mauvaise foi ; ils les ont accusé de faire
boire de l'eau de mer aux nègres pendant
le trajet, soit en abrégeant la vie de ces
malheureux, ou pour multiplier leurs
ventes, ou pour tenir les colonies de leurs
rivaux dans la médiocrité. On aime mieux
ici regarder cette horrible accusation
comme des clameurs qu'arrachent les entraves de ce commerce, et attribuer la défection des esclaves aux causes naturelles
du climat et du chagrin, que de croire à
une action atroce qui ferait frémir l'humanité, qui blesserait tous les principes de la
morale, et qui mériterait à ses auteurs
l'exécration de l'univers. L'accusation,
quoique fausse, d'un crime, lorsqu'il est
énorme, porte atteinte à l'innocence, et
rend presque criminel l'accusé. La convic-
tion n'est pas toujours nécessaire pour être
réputé coupable : on n'est pas seulement
malheureux d'avoir une telle réputation ;
et la philosophie, qui écoute de sang froid
les bruits d'une imposture aussi grave, est
alors un mauvais guide, et la conscience
qui ne dit mot un mauvais juge.

Quel contraste, quelle imputation à côté
des éloges! quel crime auprès du triomphe
de la vertu! quel trait sombre et noir à
côté de l'action saillante et généreuse dont
les angleterriens viennent de s'illustrer en
brisant des chaînes dont l'éclat s'est fait en-
tendre dans les quatre parties du monde!
Ce trait, qui annonçait un dégoût insuppor-
table pour la servitude, devait être regardé comme un signal auquel on ne pouvait se méprendre. Les chaînes des esclaves
brisées et suspendues sont les drapeaux
sacrés sous lesquels les nouveaux angleter-
riens marchent fièrement à grands pas à la
liberté. Jamais cette divinité ne vit ses
temples décorés de trophées plus glorieux.
Déposés aux pieds de sa statue, ces fers
seront un monument éternel de deux
époques remarquables en morale et en
politique, du trait le plus sublime et le
plus généreux, et de la liberté de l'Amérique, qui devra son affranchissement à
l'arrogance et à l'avidité d'une portion de
citoyens qui, voulant imposer à l'autre un
joug injuste et rigoureux, perdit et fit perdre à l'Europe la source de sa puissance et

de sa splendeur. La liberté, dont les Anglais parent orgueilleusement leur devise,
fut le motif de l'émigration des angleter-
riens. Pressés et étouffés sous l'avarice de
leurs frères injustes, cette flamme pure et
sacrée qui les animait, et qu'ils portaient
dans leur sein, s'est développée avec une
nouvelle furie : son explosion a jeté dans
les ames la plus ferme résolution, dans les
cœurs le courage le plus intrépide, dans
les esprits la plus vigoureuse activité. L'en-
thousiasme est à son comble ; le serment
est dans toute sa force ; l'univers a les yeux
fixés sur eux, et les vœux de tous les sages
les attendent au triomphe : ils n'auraient
cependant jamais songé à se soustraire à
la mère patrie, ni peut-être ambitionné
l'indépendance, si chaque puissance eu-
ropéenne avait gardé une portion de ce
grand territoire. Les Provinces-Unies ne
se séparèrent de Philippe II qu'à cause de
la tyrannie et de l'oppression de ses ministres, et parce qu'il était maître d'un
terrein qu'il ne pouvait ni défendre ni garder. Les conquêtes des Portugais entre les
mains des Espagnols furent le partage des

Hollandais rebelles, comme celle de la France et de l'Espagne entre les mains des Anglais deviendront celui·des angleter-riens révoltés.

CHAPITRE X.

*Histoire des commissionnaires négo-
cians. Suite des plaintes de ceux-ci
avec les colons ; et procédés du gouvernement pour les faire cesser.*

La chambre de commerce de la Martinique, qui justifia judicieusement la livraison des denrées de son île, et la préférence donnée aux marchandises anglaises,
nécessitées sur la fourniture des nègres
que laissaient faire les négocians français,
se plaignit à son tour, et avec raison, des ex-
tractions furtives des vins de Bordeaux
que les Anglais faisaient chez les commissionnaires de Saint-Pierre.

Ces plaintes remontaient à l'établisse- *Dissertation*
ment de ces derniers à la Martinique. Ils *sur les négocians commis-*
ne devaient faire que le commerce de com- *sionnaires.*
mission ; mais par abus ils sont devenus
négocians. Les longueurs qu'amenaient
aux capitaines marchands les difficultés
d'aller faire leur cargaison dans les habita-

tions apportaient un retard dont souffrait le commerce de France. Des correspondans, placés à Saint-Pierre, tenant leur chargement prêt, accéléraient le retour des vaisseaux, et donnaient au commerce une activité profitable. Le colon, auparavant distrait par la vente de ses denrées, les envoya à ce correspondant tiers entre lui et le négociant de France, en lui donnant un droit de commission. Il put alors se livrer entièrement à la culture, et n'eut plus deux fonctions presque incompatibles, de négociant et de cultivateur. Voilà le côté favorable; mais voici le revers.

Les commissionnaires, qui ont cinq pour cent sur les sucres qu'ils vendent, et à proportion sur les autres denrées dont ils retirent encore des droits de magasinage, sans encourir les déchets du demeurage, etc., doivent fournir au colon, suivant la loi, la convention et la justice, sur le prix des factures de France, toutes les marchandises d'Europe qu'il consomme pour son habitation; mais on ne peut empêcher les cinq ou six plus gros commissionnaires de Saint-Pierre d'établir entre eux le cours de la place, et de déterminer le prix des marchandises sur le besoin et sur leur rareté. Devenus ainsi négocians, ils font un nouveau profit sur ces livraisons, et font ainsi la loi aux habitans, que leurs dettes empêchent d'éluder.

« La facilité que ces derniers ont trouvée de fouiller dans les trésors toujours ouverts de leurs commissionnaires leur a fait perdre de vue toute espèce d'économie. Ils ont accumulé leurs emprunts, et tellement augmenté leurs dettes, que les revenus ni l'habitation ne leur appartiennent plus : ils ne sont plus que les géreurs de leurs biens, qui sont au plus fort créancier ; et la fortune la moins pénible et la plus solide se trouve concentrée dans la classe des commissionnaires, auxquels vingt ans suffisent pour aller jouir à la métropole du fruit de leur négoce.

Toujours surveillans et sévères sur les plus petits trafics qui ajoutent à la masse des profits, ils jetèrent les yeux sur un genre de commerce qui tenait à l'industrie, et qui leur était nuisible.

Les habitans des bourgs allaient eux- D'une espèce de colportage.

10

mêmes sur les vaisseaux à leur arrivée de
France, achetaient de la première main, à
trois mois de crédit, (qui est le cours ordinaire de l'achat) des queues de cargaison, ou des pacotilles des officiers, passagers ou matelots, (choses étrangères à la
cargaison de l'armateur) en toiles, en
soieries et en choses de mode, et les con-
fiaient à des femmes esclaves, qui allaient les
vendre dans les habitations. L'industrie de
quelques particuliers avait découvert ce
genre de commerce; l'exemple et l'expérience l'étendirent. L'esclave, chargée elle-
même de ces marchandises, trouvait sa
nourriture dans la générosité de l'acheteur,
et tout était profit. De médiocres bénéfices,
mais répétés souvent, et la facilité de ce négoce, excitèrent l'émulation de tous, et
l'intérieur de l'île fut bientôt rempli d'esclaves errantes, et facteurs des habitans
des bourgs, qui devinrent alors les concurrens des commissionnaires.

Cette branche de commerce crût à un
tel point, qu'elle réveilla l'attention de ces
derniers : ils eurent le talent et le crédit de
persuader au gouvernement de la détruire
en 1772, et l'exclusion vint encore une fois

retarder la solution du grand problême de la liberté.

Les propriétaires des habitations goûtaient beaucoup cette espèce de colportage : obligés de s'en rapporter au choix de leurs commissionnaires, lorsqu'ils voulaient éviter l'embarras et les frais d'un voyage, ils trouvaient plus agréable et plus commode de faire eux-mêmes leur assortiment, et de satisfaire leur goût et leur fantaisie, qui dans ces sortes de marchandises ont plus de part que l'utilité et le besoin. La combinaison des frais d'un voyage épargnés aplanissait, de concert avec le caprice, les difficultés qu'une augmentation de prix pouvait faire survenir.

Le colporteur, dit l'auteur des Intérêts des Nations de l'Europe, par rapport au commerce, est un tiers inutile et pernicieux entre le vendeur et l'acheteur, en ce qu'il entretient à haut prix ce qui doit être au plus bas. Mais les commissionnaires sont eux-mêmes un tiers entre les négocians de la métropole et les colons : fixant arbitrairement le prix des denrées d'Europe, ils ne virent dans ce nombre infini de colpor-

teurs que des concurrens qui leur enlevaient une partie des effets lucratifs qu'ils
auraient dû livrer ; et pour étayer leur argument, ils purent représenter au gouver-
nément que ce commerce facile, qui demandait peu de fonds à cause du crédit, lequel
remettait le paiement après la vente, pouvait augmenter trop rapidement la fortune
de beaucoup d'affranchies qui s'en occu-

Destruction de ce colpor- tage. paient. C'est ainsi que fut prohibé en 1772
un commerce qui tendait à l'avantage du
colon, en multipliant en sa faveur une concurrence qu'appuyait le grand et généreux système de la liberté, mais qui était
injuste, en ce que l'habitant faussait la
convention faite d'envoyer ses productions
à son commissionnaire, lequel, à son tour,
manquait à la bonne foi, en lui faisant
payer les marchandises d'Europe au-dessus
des factures de France.

Des frégates anglaises, sous différens prétextes, avec la permission du gouvernement de relâcher, ou la nuit, entraient dans
la rade Saint-Pierre, et enlevaient furtivement les vins de Bordeaux que les commissionnaires leur cédaient, à cause du gros

bénéfice qu'ils y trouvaient. Les Anglais,
toujours politiques dans toutes leurs dé-
marches, jusque dans les préférences des
choses usuelles de la vie, (1) sacrifiaient,
à la vérité, au goût d'une liqueur qu'ils
aiment, un prix exorbitant; mais en ob-
tenaient l'avantage d'entretenir une cherté
nuisible aux colons, et entre ces derniers
et les commissionnaires une mésintelligence
qui s'opposait à l'activité des échanges,
et par conséquent à la splendeur de la
colonie. Le prix excessif des vins, auquel
leur rareté les entretenait, excita les murmures de la chambre du commerce. Toutes les représentations des négocians de la
métropole, des commissionnaires de la
Martinique, des colons, et le commerce
clandestin qui, fait sans aucun ménage-

---

(1) Les Anglais, par le traité de 1703 avec le
Portugal, conclu par M. Methuen, sacrifièrent
leur goût pour les vins de France, en diminuant
les droits d'entrée de ceux du Portugal d'un tiers,
leur but étant de diminuer le commerce de leurs
rivaux.

ment, compromettait le gouvernement, décidèrent ce dernier, en 1773, à chercher un tempérament qui pût satisfaire toutes les parties lésées, et particulièrement voiler l'indécence de l'interlope.

Tempérament du gouvernement impraticable. Le port de Sainte-Lucie dut être ouvert aux vaisseaux anglais, qui ne pouvaient recevoir en échange de leur cargaison que des sirops, dont la France permet la livraison à l'étranger, de crainte d'une concurrence nuisible à ses eaux-de-vie. Si Sainte-Lucie ne pouvait completter la valeur de la cargaison sur un certificat d'impossibilité signé du commandant de l'île, le vaisseau pouvait aller à la Martinique pour achever son chargement. La forme de ce réglement n'est pas nouvelle : elle peut être utile à Sainte-Lucie ; mais, à coup sûr, elle doit être nuisible aux autres îles françaises du Vent, et l'expérience a déjà même prouvé que cet arrangement était impraticable.

M. l'abbé Raynal en trouve l'impossibilité dans trois combinaisons : ou les Anglais entreposeront leurs cargaisons, ou ils la garderont à bord, ou ils la vendront

à des négocians établis au port du carénage Premièrement, ils ne se détermi-
neront jamais à perdre de vue tous les
êtres vivans qui demandent des soins jour-
naliers, et à payer des frais de demeurage; secondement, l'attente, dans leurs bâtimens au port, des négocians des îles
françaises apporterait une lenteur pernicieuse dans un genre de commerce où
tout procédé (même dans toute autre
espèce) qui n'est pas le plus actif possible
est vicieux; et troisièmement, les colons
auraient deux commissions à payer, celle
des négocians de Sainte-Lucie et celle des
commissionnaires de leur île, ce qui deviendrait ruineux. Le même auteur éva-
luait à deux cinquièmes le coulage, les voitures et la commission des sirops. L'Anglais surhausserait en raison ses marchandises, si le vendeur ne voulait point supporter cette perte à laquelle il se résou-
drait difficilement, accoutumé qu'il est à
un prix courant de ses sirops. Mais au
tems où nous écrivons l'expérience a dû
prouver la fausseté et la justesse de ces
combinaisons.

CHAPITRE XI.

De l'inconvénient du droit coutumier aux colonies. Des émigrations des colons, et de leurs somptueuses dépenses à la capitale.

LES défauts de manutention et les vices de gestion aux colonies, dont leurs gouvernemens particuliers s'occupent à chaque révolution, mais qui ne sont plus vus qu'avec indifférence jusqu'à la mutation prochaine, parce que dans l'intervalle où les intérêts particuliers les ont palliés, où les difficultés les ont fait abandonner, ne sont pas les seuls obstacles à la splendeur des colonies françaises. Les fléaux et les calamités physiques qui portent sur leurs productions la base et la source de leurs richesses viennent encore ajouter à la difficulté de les diriger à la plus grande utilité possible. Mais il est encore des inconvéniens moraux, auxquels des droits con-

sacrés par l'usage donnent une sanction
respectable, et auxquels il serait peut-être
aussi injuste que difficile de remédier, en
ce que le procédé qui les détruirait atta-
querait une constitution d'état, et en exigerait une nouvelle : cet inconvénient est
l'égalité des partages. Quoique nous ayons
été prévenus sur ce sujet par M. l'abbé
Raynal, nous ne laisserons pas d'en faire
une courte analyse.

Les fourmis ne sont pas seules la cause
de la chûte de plusieurs sucreries ; le mor-
cèlement des terres qu'occasionne l'égalité des partages entre les héritiers détruit les manufactures, entretient les autres dans la médiocrité, et annonce leur
décadence plus ou moins prochaine.

Le droit écrit, l'image de la tyrannie, Dissertation
qui fait dans les familles un seul heureux, et écrit et cou-
tous les autres infortunés, dut trouver de tumier.
tout tems des adversaires, que la personna-
lité lésée dut rendre encore plus difficiles à
vaincre. Le bien qui en résultait de l'état
en masse, la facilité que les souverains y
trouvaient d'établir leur autorité, en cor-
rompant aisément le petit nombre des ri-

ches par des grâces, et s'attachant le grand
nombre des pauvres par des récompenses,
cet amour-propre de perpétuer son nom,
cette vanité de le faire passer à la postérité, en fixant la fortune sur la tête d'un
seul, tandis que la pauvreté l'avilit sur la
tête de cent, vint contre-balancer la force
des argumens qui devaient le saper vigou-
reusement. Il s'oppose, il est vrai, à une
maxime d'état, généralement approuvée,
de la plus grande répartition des richesses ; mais le lot d'un chacun ne peut être
alors que médiocre, et la nécessité est la
mère de l'industrie. Que de savans, de
héros et d'artistes lui sont redevables de
leur existence et de leur réputation ! et que
de grands hommes qui n'eussent été que
médiocres s'ils avaient eu des biens médiocres ! (1) L'abolition, cependant, du
droit de coutume dans quelques provinces
de France serait peut-être peu politique :
ce mélange est un tempérament à la rigueur

_____

(1) On prend ce mot dans toute son étendue :
médiocre, n'être ni riche ni pauvre.

du code Justinien; c'est une ressource
pour les cadets des provinces à droit écrit,
qui y trouvent à faire des mariages avantageux. On dira peut-être que l'état alors
de cet homme marié équivaut à celui qu'il
aurait eu par son droit de nature dans un
pays coutumier, et que c'est une ame de
plus soustraite aux ressorts énergiques de
la nécessité; mais la différence est grande:
cet homme, élevé à l'école de cette mère
de l'industrie, soumis jusqu'alors à son
empire absolu, en connait toutes les ressources; il en a analysé toutes les règles:
les ressorts ont pris leur pli; l'émulation
est dans son cœur : c'est une partie du
corps humain qui, une fois embrasée, cause
une flamme inextinguible : les passions et
l'habitude à cet âge ont jeté de trop profondes racines.

Le partage égal des terres aux co- Des émigrations des co-
lonies entraînant avec lui la chûte d'une lons.
sucrerie, les héritiers de ce bien démem-
bré, ne pouvant plus tenir l'état de leur
père, viennent en France, où ils se trouvent encore riches, à cause de la différence du prix des choses. L'argent qu'ils

répandirent autrefois séduisit et éblouit le
gouvernement, lequel, pour en attirer une
plus grande quantité, attribua à la qualité
de créole les prérogatives de la noblesse
française pour servir dans ses troupes. La
capitale en fut inondée : les plaisirs les y
retinrent, et ils se jetèrent avec profusion
dans la maison du roi. L'inégalité des con-
ditions, qu'avait aplanie l'opulence, fit
dans la suite révoquer la prérogative, et
on les assujettit à faire des preuves de noblesse. La capitale engloutissait des trésors, mais portait un coup funeste aux
colonies. Les créoles, noyés de dettes,
retournaient sur leurs habitations, pour
l'exploitation desquelles il fallait en
contracter de nouvelles avec les commissionnaires; et l'on sait quelle peut être la
gestion d'un cultivateur mal-aisé, lorsque,
surtout, plus généreux que hardi, il redoute plus les dettes que la pauvreté, et
qu'il veut être restreint dans ses emprunts,
par la crainte de contracter de trop forts
engagemens.

Supposera-t-on que l'habitation n'est
point démembrée? un des héritiers, dans

ce cas, est obligé de s'en charger, et de faire
le partage des autres en argent. Mais il ne
peut les rembourser que sur les revenus:
il est dans le cas d'un étranger qui achète;
pressé alors pour les paiemens, il n'est
plus que le propriétaire d'une sucrerie
épaulée : (1) c'est un genre de manufac-
ture qui ne souffre pas la moindre atteinte,
qui demande à être dans sa pleine valeur,
et qui exige pour cela une quantité déter-
minée et absolue de terrein , d'esclaves ,
d'animaux de charge, de tirage, et de
bâtimens.

Ces émigrations des colons pouvaient attirer aux colonies des hommes oisifs de la
métropole; leur indolence pouvait être
réveillée par le spectacle brillant et sédui-
sant de l'opulence: mais l'utile est si près
du nuisible, surtout dans les gouvernemens! Toutes spéculations ont leurs défauts,
et il y a bien de la restriction à faire dans
ce que dit M. l'abbé Raynal, « qu'il im-

---

(1) C'est expression ordinaire: sucrerie épaulée, ou qui n'est pas dans sa pleine valeur.

porte peu à la France que ses marchandises se consomment dans le sein du royaume
ou dans ses Iles, » en ce que c'est du grand
nombre de frets que s'alimente sa marine ;
qu'il est très-intéressant en cela, et par
rapport aux douanes, d'importer et de
consommer le plus possible dans les colonies, à la splendeur desquelles, troisièmement, nuiraient beaucoup les dépenses de
leurs habitans faites au dehors.

Le ministère sentit si bien l'inconvénient
de la trop grande émigration des colons,
que, pour les retenir sur leurs habitations,
il tripla la capitation de ses nègres à chaque habitant absent de la colonie. Ce procédé détruit la maxime citée plus haut de
M. l'abbé Raynal. •

Le ministère avait aperçu l'abus : mais
au lieu de prendre un tempérament, il prit
le parti violent et injuste de la vexation ; et
ce principe de l'auteur de l'Histoire Philo-
sophique des Européens dans les Indes ,
vrai, à certains égards, paraît être aussi
employé dans son immortel ouvrage pour
tonner sur l'injustice de ce procédé, et appuyer, par une preuve, les cris de la vertu,

de la probité, de l'utilité, du bien, que lui
ont arrachés l'humanité, dont il s'est dé-
claré hautement le défenseur; l'incapacité
des gouvernemens, la dureté des ministres, leurs partialités, les vices, les trahi-
sons, les basses intrigues des cours, enfin
ces fautes, ces abus et cet aveuglement des
souverains qui désolent un citoyen ver-
tueux; mais surtout cet amour des rois
pour les peuples, qu'ils ne manquent jamais
de faire graver à la tête de leurs édits,
tandis qu'il ne fait que glisser sur leur
cœur plus dur que l'airain qui en imprime
le mot sur le papier; amour qui n'est que
de l'indifférence lorsqu'il n'est pas violent, et qui devient un crime lorsqu'il
est profané et démenti par les faits.

Cette augmentation d'impôts était d'autant plus dure, que la capitation ordinaire de 30 liv. pour les nègres des bourgs;
25 liv. pour ceux des sucreries; 20 liv. pour
ceux des caféières, etc., d'ailleurs arbi-
traire et variable, est elle-même un far-
deau d'autant plus onéreux, qu'elle est
suivie de recherches toujours pénibles et
oppressives des commis, que le gouverne-

ment est d'autant plus blâmable d'employer, que rien n'empêche l'habitant de soustraire à leur vigilance une partie de ses esclaves.

Un nègre de contrebande, entré furtivement de l'île, n'est inscrit sur aucun registre. Les rôles des curés, si utiles pour les dénombremens, sont insuffisans à la Martinique, ainsi qu'aux autres colonies, où tous les nègres ne sont pas baptisés : le domaine est donc obligé de recevoir le dénombrement que donne l'habitant de ses esclaves, et de s'en rapporter à la bonne foi des hommes, auxquels il serait imprudent de se livrer quand il s'agit de leur intérêt, mais qu'il est bien plus injuste de vexer.

Après avoir traité de la Martinique comme colonie, par rapport à sa métropole, nous terminerons cet ouvrage par quelques observations physiques, quant à son local, *et par le rapport qu'elles ont avec le régiment dont nous recherchions les époques.*

CHAPITRE XII.

Observations physiques de la Marti-
nique. Maladie, contagieuse qu'y
éprouva le régiment de Périgord. Ses
causes. Extinction des Caraïbes, et
rentrée de ce régiment en France.

L'HIVERNAGE de 1770, le premier qu'é-
prouva le régiment de *Périgord* a la Martinique, lui fut funeste: cette saison critique
et pluvieuse, ainsi dénommée par l'image
d'un tems dangereux et rigoureux que nous
représente l'hiver, (1) commence pour
cette île le 3 juillet, et finit le 3 ou 4
octobre. L'atmosphère alors est embrasée par la présence du soleil qui a passé
en mai, et qui passe pour la seconde fois
sur l'île en août, revenant du cancer à
l'équateur. Les vents frais de l'est cessent
alors, et sont remplacés par d'autres
venant du sud ou sud-ouest, ouest et

(1) Voyez la note de la page 10.

quelquefois nord-ouest : les premiers tra
versent l'Amérique méridionale, les seconds la nouvelle Espagne et les grandes
Antilles, et les autres la partie occiden-
tale de l'Amérique septentrionale. Ces
vents de terre, toujours mal-sains, surtout
ceux du sud, qui règnent le plus constamment, chassent devant eux des vols de gi-
biers, qui deviennent alors fort communs
aux Antilles, et des nuages chargés des
vapeurs des bords vaseux de l'Amasone et
de l'Orénoque. Ces nuages s'élevant à peu
de distance, à cause des particules pesan-
tes dont ils sont formés, et de la raréfaction de l'air, retombent sur les îles, où ils
sont arrêtés par les montagnes, et y entretiennent une pluie continuelle pendant
trois mois que règnent ces vents.

Le terrein, alors délayé dans les fonds
et dans les marais du Fort-Royal, alors
presque entièrement inondés, ouvre une
source de vapeurs infectes et corrompues
par le soleil, qui les enlève et les joint à
la masse des exhalaisons étrangères dont
l'air est chargé et déjà putréfié. Le sang raréfié ne trouvant plus dans l'air raréfié

lui-même cette résistance qui comprime
les vaisseaux extérieurement, et qui entretient l'équilibre des liqueurs, les gonfle
tellement, que toutes les fonctions de la
nature en sont suspendues : les transpirations cessent, les secrétions qu'elles enlevaient sont renvoyées dans la masse du
sang, et l'on est en même tems attaqué
de deux maladies, inflammatoire et putri-
de, dont des maux de tête et de reins
sont les seuls symptômes qui se déclarent
vingt-quatre heures avant la mort : on devient jaune, premier caractère de putri-
dité ; les vaisseaux sanguins sont tellement
tendus, *caractère de l'inflammation*,
qu'ils se brisent, et produisent une hémor-
ragie qui est toujours le signal de la
mort.

Telles étaient les nuances d'une maladie qui fut contagieuse et funeste, en 1770,
au régiment de *Périgord*, ainsi qu'elle le
fut en 1771 au second bataillon de *Limousin*, et qu'elle l'avait été précédem-
ment, avec des nuances différentes, au second bataillon de *Médoc* et au régiment
de Bouillon, ainsi qu'à toutes les troupes

qui ont abordé le Fort-Royal. Son caractère fut ignoré dans le commencement : la profusion des malades empêchait les observations, et les secours précipités des gens de l'art détournaient ceux-ci de toute réflexion. La putréfaction qui se développait à l'agonie, par des taches noires à la plante des mains et des pieds et aux gencives, fut prise pour du scorbut. Une jaunisse qui venait d'un épanchement de bile dans le sang, et qui le dissolvait, étonna toute la faculté : elle prit cette couleur pour le caractère essentiel et fondamental d'une maladie nouvelle, qu'elle baptisa du nom de *fièvre jaune*.

On saigna jusqu'à dix-huit fois, et on ne saigna point du tout : les malades moururent ; et après la mort on décida que cette maladie était la même que celle de Siam, (1) avec des caractères moins ef-

_____

(1) Ou *matelote*, ainsi dénommée parce que les premiers qui en furent attaqués étaient des matelots qui venaient de Siam. On crut cette maladie étrangère et endémique, tandis qu'elle tenait au local, et que la source en était sur les lieux. Les

frayans et moins insurmontables ; que les
saignées modérées eussent été nécessaires,
en ce que les progrès du mal étaient si
rapides, qu'il n'y avait pas d'autre moyen
de tempérer l'ardeur du sang que d'en
diminuer la masse, afin d'empêcher les
vaisseaux de se gonfler et de se tendre

---

régimens qui abordèrent le Fort-Royal après la
paix en furent attaqués. Voici quel était son
caractère alors : on était couvert d'une sueur de
sang par la rupture des vaisseaux sanguins les plus
près de la peau, qui laissaient échapper cette liqueur par les pores. C'est à la médecine à observer, par la malignité décroissante de cette maladie, les progrès de l'épuration de l'air, qui tient
au Fort-Royal à un terrein fangeux autrefois, et
que l'on dessèche tous les jours, et qui tient en
général dans les pays au local. Les points élevés
sous la zône torride sont généralement sains : un
air libre, renouvelé et toujours agité, en inter-
dit l'approche aux exhalaisons terrestres, que leur
pesanteur empêche de monter, et il empêche d'y
parvenir cette infinité de petits insectes ailés et
extrêmement incommodes par leur murmure, encore plus par leurs piqûres : ils sont confinés dans
les bas-fonds, et sont eux-mêmes une attestation
de l'insalubrité de leur région.

au point de scission. Cette idée fut cepén-
dant combattue, peu solidement à la vérité:
on objecta que les saignées auraient ôté au
malade les forces qu'il lui fallait pour résis-
ter à l'effort des remèdes, et qu'elles l'auraient réduit infailliblement à un état de
faiblesse, auquel il eût succombé, même
avant que le mal eût empiré. (1) On re-
connut qu'on n'avait pas assez insisté sur les
évacuations et les bains continuels. L'émé-
tique avait été jugé trop violent: on convint cependant qu'on aurait dû en faire
usage; mais on eût dû, avant tout, con-
sulter les femmes du pays: les personnes qui eurent le bonheur de tomber entre les mains des négresses trouvèrent
leur salut dans des frictions de citrons,
dans des bains pleins de ces fruits, et dans
des draps imprégnés de leur suc, dans
lesquels elles tenaient continuellement en-

(1) Ils avaient pour appui de leur sentiment
les rechutes, qui furent presque toutes mortelles.
Les convalescens parurent succomber à leur faiblesse. Il y eut peu de convalesceuces heureuses:
on les redoutait presque autant que la maladie.

veloppé le malade, en le rafraîchissant
sans cesse avec des boissons d'eau citronée.
On voit que ces femmes s'en tenaient à
l'acidité, qui devait agir en précipitant la
bile qui était leur boussole.

La constipation assurait l'état de santé,
parce qu'elle provenait de la transpiration, et qu'elle le supposait; mais les alimens dénués de fluide ou véhicule devenaient d'une digestion pénible, et, séjour-
nant trop long-tems dans les intestins, ils
causaient une plénitude, et celle-ci l'en-
gorgement des vaisseaux sanguins; de là
les maux de tête et de reins, premier symp-
tôme. L'interruption des fonctions naturelles supprimait la transpiration, qui devait être le thermomètre de la santé. Les
différentes humeurs, jetées au-dehors par
cette voie, rentraient dans la masse du sang:
de là la putréfaction. On sent que, pour
des hommes surtout non acclimatés, les
moyens de prévenir les accidens (1) étaient

_____

(1) Le tempérament sec des hommes leur est
funeste au pays chaud. — L'humidité de celui
des femmes les met à l'abri de tous ces accidens.

de se tenir le ventre libre, et de prendre beaucoup de bains.

A toutes les causes pernicieuses du climat se joignaient d'autres causes individuelles : le mouvement que fait le Français dans un pays où le nègre même fait tout avec lenteur; la viande salée, aliment échauffant, et d'ailleurs nouveau pour le soldat; les travaux du garnier, auxquels on l'employait; l'usage immodéré des femmes par la facilité qu'il trouvait avec les négresses; le tafiat, ou eau-de-vie de sucre, bien inférieur, par son goût et par son odeur, à l'eau-de-vie de vin, mais moins cher, et dont il était si passionné, que les défenses les plus sévères, appuyées des recherches les plus détaillées, ne servaient qu'à exercer son industrie : elles lui avaient fait imaginer d'en porter et d'en conserver à son quartier dans un bambou creusé d'un bout à l'autre, roseau indien qui lui servait en même tems de bâton. Tout enfin, jusqu'à la méthode de les faire coucher, était pernicieuse aux soldats.

Méthode
pernicieuse
de coucher le
soldat.

Le hamac, dont ils faisaient usage,

donne au corps une attitude fatigante :
une distance d'un seul pied à droite et
à gauche, une toile qui prête peu, et
d'ailleurs trop étroite, empêchent de
prendre la position transversale, qui est la
plus commode, et obligent à le pratiquer
dans sa longueur. Le corps, dans cette position, suit la courbe que décrit le hamac ;
c'est celle d'une corde lâche attachée par
ses bouts : la tête est haute ; la poitrine,
resserrée et comprimée par les bras,
se trouve enfoncée, ainsi que le reste du
corps, jusqu'à la bifurcation, où il commence à remonter, de manière que les
pieds se trouvent au niveau de la tête ; le
corps est porté sur un seul point, qui est
la chûte des reins. Les mouvemens que
l'on peut faire dans cette situation ramè-
nent toujours au centre de gravité ; et toute
la nuit dans la même attitude les soldats
éprouvent une respiration gênée, une las-
situde en se réveillant, et un engourdisse-
ment de membres. L'air frais du matin,
si salutaire, leur devient funeste : il a
bientôt pénétré la toile qui les enveloppe,
et fait cesser une transpiration abondante

qu'excite continuellement la contrainte du
corps, et l'air naturellement échauffé par
le nombre des hommes dans des appar-
temens sombres et trop peu aérés, défaut
des casernes de la ville du Fort-Royal,
ainsi que de la plupart de celles de France.
Le tems critique passé de l'hivernage, on
respire à la Martinique, et même au Fort-
Royal, (1) le lieu le plus diffamé de l'île,
un air pur et sain. Cette chaleur qui déve-
loppe les principes de la fécondité, et qui
prolonge la vie des vieillards, n'est qu'un
ferment destructeur dans les êtres du
moyen âge. « Cette trop prompte végétation
qui (pour me servir des mêmes termes
de M. Raynal) empêche les herbes ou
fourrages d'être suffisamment digérées par
la nature, » et qui les tient en effet très-
courtes, porte aussi sur les êtres vivans,
en prématurant leur accroissement, l'édu-
cation (2) et tous les périodes du dévelop-

_____

(1) On parle ici de la ville, le fort à laquelle
il a donné son nom offrant, par sa situation
élevée, un séjour frais et sain.

(2) M. GUENAU DE MONTBELLIARD, *Histoire
des Oiseaux*, article Étourneau.

pément animal étant abrégés en raison du
degré de chaleur. C'est d'après ces mêmes
principes qu'un auteur (1) dit que « les

---

(1) *Recherches sur les Américains,* par M. de
P***. Le système de cet auteur est fondé, non
pas tout à fait sur la chaleur, mais sur l'imper-
fection de la nature en Amérique, nouvellement
sortie de dessous les eaux. Il n'a trouvé ni férocité, ni grosseur chez les animaux; point de
crinière sur le cou des lions, point de courage
chez les hommes; mais de longs cheveux sur
leur tête, du lait dans leurs mamelles, attributs
qui tiennent chez les femmes, auxquelles il les
compare, à l'humidité de leur tempérament.
Il a enfin trouvé cette partie du globe dans son
enfance et dans toute son impureté: multitude
de végétaux vénéneux, grosseur monstrueuse
dans les reptiles, profusion effrayante d'insectes,
et taille gigantesque dans les animaux dégoûtans,
qui vont cacher leur forme hideuse dans la fange
et le limon dont ils paraissent formés, peuple
aquatique des marais, qui atteste en Amérique
la retraite récente des eaux de la mer, aux raisyn-
nemens des naturalistes; et aux yeux des théolo-
giens caraïbes et hûrons le déluge et le crime de
ses anciens habitans. Ils ont dû les trouver dou-

Américains étaient déjà vieux lorsque les
Européens étaient encore enfans. »

　Mais cette chaleur excessive de la zône
torride est tempérée par les vents d'est,
qu'on nomme alisés, qui, après avoir
traversé les sables brûlans de l'Afrique,
et étouffé les habitans de sa côte occi-
dentale, passent la mer, se rafraîchissent
sur sa surface, et viennent faire éprouver
aux petites Antilles leur plus douce influence : ils entretiennent la salubrité de
l'air pendant leur règne, qui n'est inter-
Inconvé-
niens physi- rompu que pendant l'hivernage. Ce mou-
ques aux îles. vement de rotation de la terre, moins ra-

blement coupables, d'après le déluge de sang où les
Européens ont plongé leur race renaissante. Sous
le pinceau mâle, rapide et vigoureux de M. de
P***, l'Amérique est un lieu disgracié de la nature.
Donc Pernetti, son critique, a pris le contre-pied :
il en a fait un jardin semé de fleurs. La nature est
comme une médaille ; elle a aussi son revers : ne
pourrait-on pas dire que ce revers est moins dans
les objets physiques que dans les yeux des hommes ?
On ne demandera pas si en morale la contradic-
tion est dans leur cœur.

pide à ses pôles qu'à son centre, ayant à
y décrire, dans le même tems, un cercle
dans la proportion de celui de l'équateur
au polaire, doit, sous la zône torride,
y causer des révolutions, et varier la con-
figuration du terrein, en agissant sur les
terres à base moins solide, et minées par
la mer, qui bat et brise continuellement
le rocher à fleur d'eau : on la voit entre
Saint-Pierre et le Fort-Royal , du côté du
Cap-Enragé , travailler continuellement à
des voûtes et à des cavités ; les vagues s'y
engouffrent avec un bruit sourd qui annonce la profondeur et l'éloignement , et
ressortent en mugissant par des issues fort
éloignées. On ne passe point sans frayeur
en allant du Prêcheur à l'anse du Seron,
en côtoyant le rivage, sous une voûte à
hauteur d'homme , qui règne pendant une
partie du chemin, et qui est formée dans
une terre de tuf par la vague qui monte
dans la grosse mer.

Toutes ces causes et les volcans qui reçoivent de la mer leur principal aliment ,
doivent répéter souvent dans ces contrées
des tremblemens de terre.

Le 16 avril 1771 on en essuya un à la
Martinique le soir à huit heures (1). Tous

---

(1) Il arriva un évènement à la Martinique
qui mérite les recherches des observateurs. Chacun sait que le premier novembre 1755 le tremblement de terre de Lisbonne fit des ravages le
même jour, et presqu'à la même heure, en Afrique,
au royaume de Fès et de Maroc, et se fit sentir
de Bayonne à Gibraltar, et du détroit jusqu'en
Danemarck, le long des côtes de l'Océan. Ce même
jour, pendant le tems le plus calme, sans aucun
vestige de raz de marée, la mer monta au vent
de l'île de la Martinique, et inonda, à trois repri-
ses consécutives, le bourg de la Trinité. Le même
jour, quatre minutes d'intervalle avec le tremblement de Lisbonne firent établir une relation entre ces deux évènemens. Si, en effet, celui de la
Martinique ne tient à aucune cause particulière,
il faudra supposer une veine continue sous terre
de la même matière inflammable, si on attribue
les tremblemens aux éboulemens des terres que
le feu mine; ou simplement une veine vide et
creuse, si on les attribue aux vents qui se croisent
et qui cherchent une issue, mais qui, dans les
deux cas, aura propagé le tremblement dont la
secousse aura mis en mouvement les eaux qui re-

les animaux qui, par leur attitude ou par leur instinct, ont une connexion et une relation plus intime avec la terre que les hommes, en furent avertis les premiers, et l'annoncèrent par des cris et des hurlemens qui augmentèrent l'effroi dans la campagne. La consternation fut générale et la secousse très-violente, mais dura peu : quelques maisons reculèrent sur leurs fondemens, toutes furent lézardées (1), et

posaient sur les terres éboulées ou agitées, dont elle était la base, à moins qu'on ne suppose que lo mouvement de la mer, extrémement agitée à Lisbonne, ne se soit communiqué aux eaux de la Martinique, en formant un courant dirigé sur cette ile. Cette supposition admise, la résistance de l'eau et la force du mouvement connues donneraient la solution de ce problème, ferait connaitre lo tems qu'il faut à l'eau pour communiquer le mouvement : on dirait qu'il faut quatre minutes pour seize cents lieues.

(1) Comme les maisons en bois résistent plus que les maisons en pierre aux tremblemens de terre et aux coups de vent, en ce que les diverses pièces de la charpente, jouant les unes dans les

une heure plus tard les nègres des villes
étaient écrasés dans leurs cases, qui furent
culbutées. On ne découvrit aucun foyer ni
crevasse dans l'ile; mais, pendant un mois,
il n'y eut pas de jours que l'on ne ressentit
dans plusieurs endroits quelque secousse.

Volcan à la Martinique. - La montagne Pelée, à trois lieues nord-
ouest de Saint-Pierre, trop peu haute pour
offrir de la neige et de la glace, mais continuellement couverte de nuages, paraît avoir
été dépouillée par le feu Le rocher nu, noir,
stérile, et sans aucun brin d'herbe, offre
un aspect effrayant : sur sa cime est un lac
assez mal sondé, et qui, n'ayant aucune communication apparente avec l'intérieur, paraît être le réservoir des eaux que les nues

outres, peuvent céder quelque tems aux secousses
sans tomber, et que leur chûte est moins prompte
et moins dangereuse, cet évènement fit rétablir,
dans les ordonnances, l'injonction aux habitans
de bâtir en bois. On dit rétablir, parce que, quelques années auparavant, le feu ayant brûlé la moitié de la ville du Fort-Royal, il avait été ordonné
de bâtir en pierre. L'homme se laissa diriger de
tous les tems par les circonstances et d'après l'impression la plus récente.

y déposent continuellement. La tradition,
appuyée de son aspect affreux, y plaça an-
ciennement un volcan, que l'on dit maintenant éteint; mais c'est un, feu qui couve
sous la cendre, et qui peut donner lieu aux
tremblemens de terre : des eaux chaudes
qui en découlent sur le revers du côté du
Prêcheur, et qui vont à la mer, attestent
des lits de soufre et de feu.

D'autres sources d'eau bouillante dans
la plaine du Lamentin, dont quelques-unes
sont recouvertes par la mer, mais auxquelles on peut aller à marée basse, attestent le feu qui réside sous l'île.

Plusieurs des Antilles renferment dans
leur sein ces grandes cheminées de la nature qui épouvantent les hommes, mais qui
les mettent en sûreté en donnant une issue
aux flammes. Rien n'implique contradic-
tion en leur attribuant l'Archipel des Antilles, où l'on compte plus de trois cent
soixante îles ou îlots, qui ne paraissent être
que des débris de la grande terre morce-
lée par les irruptions de la mer qui la sape
au-dehors, et du feu qui la mine au-
dedans.

On ne voit plus dans ces îles fertiles et situées sous d'heureux climats aucun vestige de ses premiers habitans : un Caraïbe rouge est regardé aujourd'hui avec curiosité. Les premiers établissemens sur ces terres furent cimentés du sang d'une race faible et infortunée, et ne purent être soutenus que par une plus malheureuse encore, qui vint y perdre sa liberté. Pour conquérir et posséder une partie de la terre, il fallut en égorger tous les habitans, et pour la cultiver donner des fers à ceux d'une autre éloignée de 1500 lieues. Le bonheur de l'Europe demandait donc l'anéantissement des Américains et le malheur des Africains. Le souvenir désolant des premiers, et l'aspect déchirant des derniers seront éternellement un contraste bien frappant, mais en même tems bien révoltant, à côté de la splendeur des Européens. La mort, que leur avidité leur fit trouver en Amérique, n'expiera jamais le crime dont ils s'y sont rendus coupables. Les armes qu'ils tournèrent contre eux-mêmes n'ayant plus de sang étranger pour assouvir leur rage, leur dissention, le carnage, et les Anglé-

terriens, dans cet instant, poignardés par
leurs frères, sont de justes effets de la vengeance divine, et sont autant de victimes
immolées aux mânes des malheureux Américains. Les Espagnols commencèrent le
massacre des insulaires des Antilles au
quinzième siècle, et les Anglais vont tâcher
de les exterminer au dix-huitième.

Ceux-ci, d'accord avec les Français pour
s'emparer de leurs biens, donnèrent, en
1660, les îles de la Dominique et de Saint-
Vincent, qui ne leur appartenaient pas, au
reste des Caraïbes échappés des carnages
précédens, et qu'ils chassaient de leurs
établissemens. Cette race (1) fut d'autant.

---

(1) Les nations de l'Europe ne voulurent pas
même la charger de fers : le bruit et la vue des
chaines leur eussent rappelé des forfaits que la terre
devait ensevelir, mais que l'extinction entière de
la race n'a pu faire oublier. Elles aimèrent mieux
être des bourreaux inhumains que d'injustes per-
sécuteurs. L'attendrissement et les remords vinrent au secours des malheureux Caraïbes : un
crime de plus leur arracha la vie; mais ils échap-

plus malheureuse, que, suivant les règles
de la politique et de l'expérience, elle devait trouver son salut dans l'avidité et la
rivalité des usurpateurs, en devenant l'al-
liée de l'un des deux : mais elle en fut la
victime; il fallut la suspension d'une haine
éternelle, et le cours des évènemens fut
interrompu pour l'accabler. Le plus grand
nombre de cette petite portion d'expulsés
fut à Saint-Vincent, et s'allia dans la suite
avec une société de noirs, qu'une tradition dit Africains, et avoir fait naufrage
sur cette île, après s'être défait des officiers
du vaisseau qui les conduisait, et y avoir
été généreusement accueillis par les Caraïbes. Quoiqu'il en soit de leur origine, qu'au
fond on ignore, les noirs se brouillèrent avec
les rouges. Les Français de la Martinique
excitèrent et entretinrent la dissention. Les
noirs, forts et féroces, eurent bientôt, avec
de tels conseils, exterminé ou chassé les
rouges; et le Caraïbe noir, sans aucune diffé-

---

pèrent à l'esclavage, mille fois plus cruel que la
mort, et ils moururent libres.

rence avec les nègres esclaves que le front
qu'il s'aplatit, suivant M. Raynal, pour ne
point être confondu avec eux, ou, dit-on,
à l'imitation d'une manie des Caraïbes rouges, jouit dès lors tranquillement des biens,
de la liberté, des privilèges et de tous les
droits de ces derniers, que les Européens
regardèrent légitimement acquis, parce
qu'ils avaient la même sanction que les
leurs, c'est-à-dire qu'ils étaient assis sur
la base inébranlable de la force. Ces Caraïbes noirs furent donc reconnus posses-
seurs légitimes, et ils l'ont été jusqu'à ces
derniers tems sans contestations ; mais le
roi d'Angleterre, par un des privilèges de
la couronne, concède à son profit tout
le terrein qu'il peut conquérir dans le
Nouveau-Monde. Ils ont dès lors été trai-
tés d'usurpateurs : leur perte a été résolue :
d'ailleurs ils donnaient un asile aux nègres
marons ou déserteurs des îles voisines; ils
laissaient en friche une terre précieuse, et
cent autres prétextes aussi solides ; et en
1533 (1) les malheureux n'eussent peut-
être pas été baptisés.

_____

(1) C'est cette année que Henri VIII épousa

Le chevalier Young, gouverneur de la Dominique, homme estimable et rempli de connaissances que ses voyages lui ont acquises, commissaire pour le roi, et trésorier des fonds provenans des concessions, rassembla les troupes voisines anglaises, et marcha à l'expédition de Saint-Vincent. La vigoureuse résistance que les Caraïbes opposèrent fit tout de suite douter du succès de l'entreprise. Le gouvernement de la Martinique fut prié de ne point fournir aux ennemis des Anglais de munitions de guerre en poudre et en fusils. Mais il répondit qu'il ne pouvait empêcher l'exportation de celles qui passaient par la voie du commerce. Des chaloupes anglaises furent assaillies au débarquement, et coulées à fond. Réfugiés dans leurs bois, les Caraïbes arrêtèrent les progrès des Anglais, qui, percés d'une flèche mortelle et invisible, n'osaient pénétrer dans l'épaisseur des broussailles.

Anne de Boulen, et qu'il fut excommunié du pape dont il secoua le joug.

Les fusils, très-mauvais, que les Français (1) vendent à ces insulaires, en profi-

------

(1) Les Caraïbes sont amis des Français : ils viennent à la Martinique pendant l'hivernage ; ils y portent des paniers dont les habitans font grand usage, des hamacs d'aloës, de pite tressée en forme de filet, des arcs et des flèches, et en remportent en échange de la poudre, des fusils et de l'eau-de-vie, dont ils sont extrêmement passionnés. Ils ne manquent jamais de venir en députation saluer le gouverneur et l'intendant à leur avènement. Ils donnent le nom du premier à leur chef ; et prennent chacun d'eux celui des principaux de sa suite : c'est leur manière de témoigner leur vénération. C'est ainsi que les empereurs prenaient le nom de César.

En 1772, le chef de la députation, affublé d'un vieux habit de drap écarlate avec sa broderie, et couvert d'un chapeau à l'antique avec son bord, et qu'il n'ôta jamais, du reste nu, ainsi que son cortège, vint saluer à Saint-Pierre le gouverneur qu'il trouva à table. Sa harangue fut courte : il parla avec cette véhémence qui, comme dit M. Raynal, tient de la colère. Personne n'y comprit rien. Leur visite ne fut terminée qu'après avoir bu à la santé de tous les assistans, chacun

tant de leur ignorance, leur servirent
moins que les flèches dont l'usage leur est
plus familier, et qu'ils lancent avec une
adresse étonnante (1).

---

en particulier, avec de la liqueur qu'on leur donna
avec profusion, et pour laquelle ils témoignaient
une passion qui étonna et amusa beaucoup les
spectateurs.

Le bâtiment dans lequel ils naviguent est fait
d'un arbre creusé; ils le nomment *pirogue* ; il va
à la voile et à la pagaie (c'est une espèce de
rame de trois ou quatre pieds de longueur, que
l'on plonge verticalement, et non horizontalement
comme la rame.) Comme ils vont fort au large,
il leur survient souvent des accidens, mais qui
ne leur causent aucun dommage : ils amarent
toutes les provisions, jusqu'aux passagers qui
veulent bien se confier à leur bonne foi ; et lorsque la pirogue chavire, les Caraïbes, qui sont
excellens nageurs, la remettent sur l'eau, et con-
tinuent leur route. C'est cependant ces hommes,
qui sont venus à bout de mépriser et de vaincre
un élément, qui seront subjugués par d'autres
hommes.   .

(1) Des douze espèces de flèches que Daniel a
ramassées dans sa milice française, d'après Am-

La chaleur, plus pernicieuse que les armes les plus meurtrières, rendait fatigante
une guerre offensive contre un ennemi vi-

---

broise Paré, aucune n'approche de celles des Caraïbes : elles auraient plutôt quelque ressemblance
avec celle qui perça Alexandre dans la ville des
Oxidraques, où il combattit seul de sa personne
contre tous les habitans. Il est dit dans Quint-
Curce « que les médecins s'aperçurent qu'elle était
dentelée, et qu'on ne pourrait la tirer sans dan-
ger, si on n'élargissait la plaie ; elle était de deux
coudées, ainsi que celles que les Indiens lui lan-
çaient. » Celle des Caraïbes, ressemblante dans
plusieurs rapports, avec celle-ci, tant par la figure
que par sa longueur à peu près, et par sa vertu nuisible, est un long roseau mince et bien filé, de quatre ou cinq pieds, surmonté d'un morceau de bois
de six pouces, très-dur, attaché fortement au fût
avec une corde artistement tressée. Cette partie
meurtrière, qui, dans beaucoup des anciennes
flèches connues, est de fer, est d'une figure
pyramidale ; les angles des faces sont den-
telés comme celles des Oxidraques, et donnent des arrêtes très-aiguës, et si fragiles,
qu'elles s'émoussent en les touchant. Plusieurs
restant dans la plaie en retirant la flèche, et

gilant, invisible et maître des sources des
rivières qu'il empoisonnait.Ces bruits, vrais
ou faux, répandirent une alarme et une ti-

---

d'autres la déchirant, elles ont été regardées par
quelques-uns comme le seul poison dont cette arme
était infectée; mais ce bois, qui a l'air d'être filtré
d'épines, est revêtu d'une couche gommeuse et
noire, qui a pu, dit-on encore, être appliquée pour
sa conservation.Cependant rien n'empêche de croire, et c'est même l'opinion commune, que le suc
du mancanillier, combiné avec quelque substance
gommeuse, ne soit le vernis de ce bois empoisonné.
D'ailleurs, les flèches empoisonnées ne sont point
nouvelles; on les retrouve entre les mains des
Francs ou Français, attaqués du côté de Cologne
par le lieutenant du tyran Maxime, au quatrième
siècle. « De leur retranchement ils tiraient aux
Romains des flèches empoisonnées, dont les moindres blessures étaient mortelles. »

Les vieux titres de la cruauté sont trop bien
affermis pour espérer que l'humanité reprenne un
empire qu'elle n'a jamais eu, quoique l'attestent
les siècles d'or et ceux de Saturne, bien plutôt in-
ventés pour désoler le sage qui soupire en vain
pour leur retour que pour détourner l'ambitieux
de ses projets destructeurs, incapable de fixer des

midité qui établissaient la supériorité des
Caraïbes, lorsque des propositions paci-
fiques, en même tems faites des deux
parts, terminèrent les hostilités à la fin de
l'année 1772.

Plus aisés à vaincre par le raisonnement
et par la politique que par les armes, les
Caraïbes ne virent point dans des articles
qui assuraient la paix leur destruction fu-

─────────────

nuances si douces. Les plantes eurent toujours du
venin pour les cœurs gangrenés. Le serpent et les
diverses espèces d'animaux qui parurent faits pour
purger les végétaux de leurs qualités nuisibles,
et pour mettre les hommes en sûreté contre
leur propre ignorance, n'excitèrent que leur
industrie et leur jalousie; ils furent regardés
comme les ravisseurs d'un bien qui ne leur
appartenait pas, et furent recherchés comme
les réservoirs d'un trésor avec lequel les hommes
pouvaient assouvir leur rage : car on croit que le
venin du serpent étendu sur la surface intérieure
d'une coquille, dont l'émail ne paraît que plus brillant, sans donner rien à connaître du poison qu'elle
renferme, est la méthode qu'emploient les nègres
pour empoisonner, en frottant les alimens, ou en
jetant dessus de l'eau déposée quelque tems dans
cette fatale coupe.

ture et certaine. Leurs bois et leurs forêts
impénétrables faisaient toute leur force, et
en accordant de pratiquer des chemins
dans la partie qu'ils habitent pour la communication et la commodité des transports,
ils ouvrent les seules barrières qui pouvaient retenir leurs ennemis.

Des hommes, avec leur seule férocité
individuelle, épars et sans discipline, seront bientôt opprimés par des troupes ré-
glées que le terrein permettra d'agir en
masse. Les chemins faits pour voiturer des
denrées voitureront aussi des armes et
des foudres, qui auront bientôt achevé
d'exterminer la dernière race des Caraïbes.

Les troupes destinées pour les colonies,
dont nous avons parlé dans le cours de cet
ouvrage, étant entièrement levées, le régiment de la Martinique, composé de deux
bataillons, vint relever le second de *Médoc*
et le régiment de *Périgord*. Ce dernier,
embarqué le 17 mars 1773 sur le vaisseau l'Union, de 64 canons, découvrit les
Bermudes; et, laissant très-loin à sa gauche
le banc de Terre-Neuve, où l'on va ordi-

nairement chercher la parallèle de France,
et trouver des vents de nord ou nord-
ouest, (1) trouva des vents favorables qui
le mirent à même de cingler presque droit,
et d'arriver en vingt-sept jours à *Brest*
le 12 avril.

*TABLEAU du régiment de Périgord à
son départ pour la Martinique , et à
son retour en France.*

Anciens soldats embarqués en
1769. 542

Morts. 209
Variation. 40
Restans. 293

Soldats de recrue, dont 17 enga-
gés à laMartinique, arrivés de l'île
de Rhé en 1770, presquetous déser-

---

(1) Les vaisseaux sont obligés pour trouver des
vents favorables de parcourir , pour le retour en
Europe , les deux côtés d'un carré dont ils avaient
suivi la diagonale pour aller aux Antilles.

teurs, quelques-uns de bonne volonté, et quelques Corses. . . . 694

Morts. 217
Variation. 72
Restans. 405

On voit par ce tableau que le nombre
des morts, depuis le 3 février 1770 jusqu'au 17 mars 1773, fut dans la proportion de 1236 à 426, ce qui est à peu près
un tiers.

Ce régiment, laissant toutes les recrues
qu'il avait reçues à la Martinique, pour
être incorporées, suivant l'ordre de la
cour, dans le régiment de cette colonie,
ramena en France 293 hommes, de 542
dont il était composé à son embarquement,
ce qui fait à peu près la moitié de perte.

F I N.

www.ingramcontent.com/pod-product-compliance
Lightning Source LLC
Chambersburg PA
CBHW072226270326
41930CB00010B/2017